体育教学的体系构建与科学训练

马冀贤 著

吉林出版集团股份有限公司

图书在版编目（CIP）数据

体育教学的体系构建与科学训练 / 马冀贤著. -- 长春：吉林出版集团股份有限公司，2022.6

ISBN 978-7-5731-0949-1

Ⅰ. ①体… Ⅱ. ①马… Ⅲ. ①体育教学-教学研究-高等学校 Ⅳ. ①G807.4

中国版本图书馆 CIP 数据核字（2021）第 267831 号

体育教学的体系构建与科学训练

TIYU JIAOXUE DE TIXI GOUJIAN YU KEXUE XUNLIAN

著　　者　马冀贤
出 版 人　吴　强
责任编辑　蔡宏浩
装帧设计　清　风
开　　本　710mm×1000mm　1/16
印　　张　13
字　　数　200 千字
版　　次　2022 年 6 月第 1 版
印　　次　2022 年 6 月第 1 次印刷
出　　版　吉林出版集团股份有限公司
发　　行　吉林音像出版社有限责任公司
（吉林省长春市南关区福祉大路 5788 号）
电　　话　0431-81629674
印　　刷　三河市嵩川印刷有限公司
标准书号　ISBN 978-7-5731-0949-1
定　　价　40.00 元

前 言

当前，体育事业在快速发展的经济、稳定的政治局面下得到了较好的发展。不管是在竞技领域、健身领域还是在社区、学校，体育运动的开展都非常普及，尤其是在学校中。随着国家和政府对教育的重视程度不断提高，再加上学校教育改革的不断推进，体育教学已经成为教育领域的重要研究课题之一。从某种意义上来说，体育教学的发展状况会对体育事业以及学校教育的不断发展产生一定的影响，因此，对体育教学进行分析和研究是非常有必要的。

随着教育全球化浪潮的逐渐推进，学校体育教育的阶段性特征越发凸显，教学观念、教学方式、学习方式与学习评价方式等发生着急剧的变化。体育教学在学校教育中地位的不断提升和现代体育教学改革的持续进行，在创新教育理念指导下，针对学校体育教学体系建设与发展的研究日益增多。长期以来，我国体育教育模式依然采用传统模式——以发展学生体质健康和掌握运动技能为主的教学形式，这种传统的教学模式在实践中，忽略了学生的个性心理发展和创新思维能力的提高，对于学生运动能力方面的培养及学生身心健康发展方向是难有作为的，在一定程度上束缚了学生的主观能动性与积极参与性。由此可见，我国体育教学体系研究过程中还存在一些问题，体育教学体系的系统建设还不完善。

全书共分为六章。第一章是体育教学概述，主要介绍了体育教学的基本概念、目标与主体、相关科学理论以及改革与发展。第二章是体育教学

内容，本章对体育教学内容进行了整体的概述，并对体育教学内容资源的开发与利用进行了分析。第三章是体育教学模式，包括多元化融合教学模式、“双向主体能动式”教学模式与快乐体育教学模式。第四章是体育教学方法，本章对体育教学方法的发展与体育教学方法的运用做出了一定的阐释。第五章是体育教学训练，包括运动训练理论基础、球类运动项目训练、有氧运动项目训练、无氧运动项目训练等内容。第六章是当代体育教学体系的创新与完善，本章包括新时期体育教学思想的创新应用与教学体系的完善与发展。

本书论述严谨、内容丰富、结构清晰，理论与实践结合紧密，便于体育教学工作者科学地进行体育教学实践，突出了现代体育教学的时代性要求，对体育教学工作者科学构建现代体育教学体系具有重要的指导和启发意义。

本书在撰写的过程中，参考和引用了一些学者关于体育教学的观点和相关资料，在此表示衷心的感谢。由于时间和水平有限，本书难免存在不足之处，恳请广大读者批评指正。

作者

2021 年 3 月

目　录

第一章
体育教学概述

在现代社会的背景下，随着体育运动的快速发展，人们对体育教育也越发重视，并采取了积极的手段与相应的措施提升体育教育质量与水平。在以前，体育教学被看作"另类"，不受重视，而随着现代教育观念的转变，在当前的学校教育中，体育教学已成为重要的内容，深受学生的欢迎和喜爱。本章重点阐述体育教学的基础。

第一节　体育教学的基本概念

一、教学概念

很早以前，我国就有关于"教"与"学"的相关研究，据史料记载，"教"与"学"最早出现于甲骨文文献记载中。在早期的甲骨文中，曾有"丁酉卜，其呼以多方小子小臣其教戒"的记载。而"教"与"学"的结合则出现于《尚书·兑命》(孔颖达)文献记载中，其中就有"上学为教；下学者，学习也。言教人乃是益己学之半也"的语句。发展到东汉时期，许慎的《说文解字》中则有"教，上所施，下所效也"的解释。这充分说明"教学"这一名词在很早以前就

被提起过。

在国外,关于“教学”研究的历史也比较长,但学术界对“教学”概念的认识并不完全统一,诸位专家与学者都有自己不同的见解和认识。总体而言,国外专家与学者对“教学”的认识可以从宏观和微观两个方面进行理解。在宏观方面,大多数学者认为教学是一种特殊的教育活动,主要是对受教者进行一定的教育,并使其获得文化知识和能力的一种活动;在微观方面,学校教育方面的专家与学者认为教学是一种直观的教师进行教授和学生进行学习的活动,其中,教师是教学活动的引导者,是文化知识的传授者,而学生则是教学的“受众”和主体。总之,教学就是一种以特定文化为对象的“教”与“学”的活动。

在我国,比较有影响力的关于教学的观点主要有两种:一种是统一活动说,该观点认为教学过程是“教”与“学”统一体,强调学生的全面发展。另一种是教学的广义和狭义说,广义的教学泛指经验的传授和获得过程;狭义的教学则是单指学校教育中以培养人才为目的的各类教学活动。“教学”可以认为是一种有组织、有计划的教学行为。

二、体育教学概念

通过对教学概念的认识,可知体育教学即体育教师在教学的过程中,以体育教材为媒介,与德、智、美、劳的教育课程相配合,引导学生学习体育基本知识、熟知体育基本技术、掌握体育基本技能,并养成良好的体育锻炼习惯,以促进其生理、心理、社会适应能力健康发展的一种活动。具体而言,体育教学的概念主要体现在以下几个层面。

(一)体育教学是一门学科

体育教学主要包括体育教学目标、教学思想、教学内容、教学方法、教学模式、教学评价等内容,是一个有机的统一的整体。体育教学的主要目标是发展学生的体能,增进学生的身心健康,促进学生的全面发展。发展至今,体育教学已成为学校教育中一门非常重要的学科,对增强学生身体素质,提高学生体育知识与技能,增强学生的社会适应性都起到了非常重要的作用。

（二）体育教学是教育的组成部分

体育教学是学生在体育教师的带领和指导下，从教育学、生理学、心理学、哲学等学科中获得知识，有计划、有组织地以身体锻炼为载体的活动，其目的是促进学生的全面发展，属于素质教育的重要组成部分。

（三）体育教学是活动

体育教学是一个有目的、有计划、有组织的相关体育活动的组合。学生在参与体育教学活动的过程中，不仅要学习和掌握基本的体育理论知识，还要掌握和提高自己的体育运动技能，这是一种体育感受和体验的积累过程。

第二节　体育教学的目标与主体

一、体育教学的目标

（一）体育教学目标的概念

体育教学目标，是指依据体育教学目的而提出的一种预期成果。这个预期成果可分为阶段成果和最终成果，即阶段性目标和体育教学总目标。

可以说，体育教学目标在一定程度上体现了人们对学校体育与健康课程编制、体育价值、课内外体育教学活动的理解。体育教学目标是否合理在很大程度上决定着体育教学的效果。

一般情况下，体育教学目标包括多个层次的目标，大到超学段体育教学目标，小到课时体育教学目标，涵盖的内容异常丰富。在体育教学中，体育教师在制定不同的教学目标时，一定要结合当前的教学实际、学生的身心发展特点，并充分考虑不同教学目标的上位和下位层次及其功能和特点进行制定。

（二）体育教学目标的层次

总体而言，体育教学目标有大小、长短之分，其本身有着深刻的层次与结构。如图 1-1 所示。

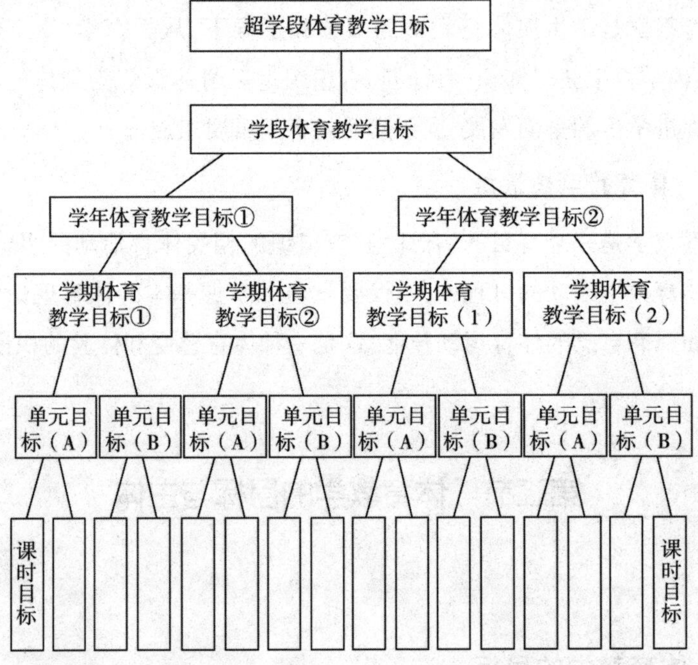

（三）体育教学目标的特性

体育教学目标的特性非常鲜明，这主要体现在以下几点。

1.体育教学目标具有前瞻性

众所周知，体育教学目标是一种教学预期成果，其前瞻性是指体育教学目标能对整个教学活动起到重要的指导作用，对促进师生发展，提高教学质量具有重要的意义。

2.体育教学目标具有曲折性

体育教学是一种复杂的活动，因而体育教学目标也不是很容易就能实现的，因此，体育教学目标必然充满着曲折性。体育教师在制定体育教学目标时，不要盲目，要根据当前的教学实际，并结合学生的身心发展特点而定，制定的体育教学目标要适当，既不能过高，也不能过低，体育教学目标的制定要能引起学生学习的积极性和兴趣，有利于师生协调配合，经过共同的努力而实现。

3.体育教学目标具有方向性

体育教学目标是特定价值取向的反映,而价值取向则具有明显的方向性。作为体育教学目标而言,它明确指示着教师如何教,学生如何学,其方向性特点是非常明确的。

4.体育教学目标具有终结性

体育教学目标是一种预期成果,它具有一定的终结性特点。当然,这个终结并不是指整个体育的终点,而只是整个体育过程的一个个小的“站点”,可以说是为人们的终身体育所服务的。

(四)体育教学目标的制定

1.制定体育教学目标的依据

(1)体育目标与体育课程标准

在体育教学中,体育目标非常重要,它是制定体育教学目标的重要依据,是实现学校体育教学目标的基本要求。根据我国学校体育的具体实际情况,国家教育部门也制定了各个阶段的体育教学目标,为体育教学的发展提供了一定的保障。

(2)全面发展的素质教育要求

体育运动不仅能增强学生的身体素质,还能培养学生良好的心理素质,提高其社会适应能力,促进学生综合素质的发展。另外,经常参加体育运动还能教导学生遵循道德规范和准则,增强意志品质。很多体育运动项目都要求运动者具有高速判断、分析、想象的能力,能有效地促进学生智力的开发。除此之外,体育运动还能培养学生良好的审美能力,使学生的德、智、美等素质都能得到全面的发展。

(3)体育教学的本质特征与功能

相关部门在制定体育教学目标时,应依据体育教学的本质特征和功能进行,这样制定出来的教学目标才科学,并具有较强的可操作性。

(4)学生身心发展的特点与规律

在体育教学中,学生是教学的主体和对象,因此在设定教学目标时必须站在学生的立场,确保体育教学目标满足学生的身心发展。一般来说,学生

身体发育特点与规律对教学效果的实现具有非常重要的影响。因此，教学工作人员要充分了解学生，抓住学生身心发展的几个敏感期进行教育，如此才能达到事半功倍的教学效果。

(5)学生的体育学习兴趣与需求

在体育教学中，学生占主体地位，任何教学活动都要围绕学生进行。作为一名体育教师，要想方设法地提高学生的体育兴趣，依据学生的身心发展特点，提高体育运动的趣味性，使学生由浅入深、由易到难地逐渐掌握体育运动知识，提高体育运动技能。

(6)体育教学的实际条件和可行性

在体育教学中，教学条件是实现体育教学目标的重要因素，它对体育教学目标的实现具有重要的影响和制约作用。我国地域辽阔，各地区经济发展水平不一，因此全国各地各学校的教学条件都存在着较大的差别，主要表现为地区之间的学校发展不平衡，同地区间学校发展不平衡。因此，相关部门在制定体育教学目标时，一定要从学校的具体实际出发，切不可盲目地搞“一刀切”的方式。

2.制定体育教学目标的要求

层次性。在学校体育教学中体育教学目标具有多样性的特点，体育教学目标主要包括体育认知目标、运动技能目标、体能目标等，这些目标都具有从低到高的层次性，在具体的教学中，要遵从这一层次性规律，循序渐进地进行教学。

连续性。体育教学目标具有多层次性的特点，与此同时，其也具有连续性的特点，不同教学目标之间既相互独立，又相互关联，只有一个个小目标得到了实现，总目标才会实现。因此，在制定体育教学目标时，要充分了解教学目标的连续性特点，注意体育教学内容之间的连续，要由浅入深，循序渐进地实现每一个体育教学目标。

可操作性。在制定体育教学目标时，要依据具体的教学实际进行，制定出的教学目标要具有较强的可操作性，这不仅有利于体育教师教学方向的明确性，也有利于体育教学目标的测量和评价。

3.制定体育教学目标的程序

(1)了解教学对象

在制定体育教学目标前,首先要充分了解学生的学习需要,分析学生的学习能力与条件,主要包括学生在体能、运动技能、体育知识等方面的能力等,根据学生的具体实际制定出合理有效的体育教学目标。

(2)分析教学内容

在确定体育教学目标之前,还要认真细致地分析体育教学内容,根据教学内容制定教学目标,这是因为教学目标的设定总是与具体的教学内容联系在一起,没有无目标的体育教学内容,也没有无教学内容的教学目标,二者之间的关系非常密切,不可分割。

(3)编制教学目标

在编制体育教学目标时,要在“单元”或“课”的教学计划中按照课程的水平目标分别陈述。

二、体育教学的主体

(一)体育教师

1.体育教师职业的特殊性

体育教师是体育教学工作的组织者与实施者,他既有与其他学科教师相似的劳动特点,也有自身的独特性,这主要表现在以下几个方面。

(1)体力与脑力相统一

很长一段时间以来,我国大部分学校体育教育都只注重学生身体素质的培养,而忽略了学生精神层面的培养,这种观念和做法是不对的,与社会发展不相适应。体育教学既是体力劳动,也是脑力劳动,是体力与脑力相结合的特殊劳动,因此要注重身体与精神的统一。

在我国,大部分学校都非常注重素质教育,都把素质教育放在至关重要的地位,这对体育教师提出了较高的要求,要求体育教师既要有充沛的体力,又要有聪慧的头脑,如此才能组织和管理好整个教学活动。

在体育教学中,体育教师的主要职责就是组织教学活动、课外活动、

体育竞赛等,这些工作都需要体育教师具有良好的体能与智能。随着现代教育的不断发展,要不断更新教学方法和教学模式,这就要体育教师不断充实和完善自己的理论知识,用自己聪慧的头脑去改变传统的、已不适合当今教学发展的体育教学模式,实现体育教学的创新性发展。

(2)示范性与启智性相统一

在体育教学中,体育教师占据着举足轻重的地位。大量的研究与实践表明,学生会在体育教学过程中模仿体育教师,做出一些相似的动作或行为,因此体育教师的一举一动都会对学生起到一定的示范作用,所以在这样的情况下,体育教师一定要提高自己的个人修养、道德品质等综合素养,以为学生树立一定的模范。在体育教学中,除了给学生的直观影响外,体育教师还要给学生传播体育理论知识与方法技能。理论知识主要通过讲解传授,但是具体的方法技能需要体育教师用具象的肢体动作来教学生,因为体育教师的积极示范作用能够激发学生体育学习的兴趣与热情,使学生主动参与到体育锻炼中来,启迪学生的智慧,提高学生的智力。因此,体育教师的活动是示范性与启智性相统一的活动。

(3)对学生教育影响全面

在体育教学中,体育教材是学生学习的物质基础,没有教材就难以展开有效的教学活动,因此体育教材对学生具有非常重要的影响,良好的体育教材可以有效地促进学生身心全方位协调发展。

①体育教材要具有一定的文化内涵,体育理论知识与体育实践要在一定的组织与规则中有规律地进行,体育教师要通过规则合理地组织体育教学内容,进而培养学生的体能、心理素质、社会适应能力、集体主义精神等综合素质。

②体育实践是一个长期的过程,这要求学生必须具有坚韧不拔的意志和高尚的道德情操,学生通过一段时间的训练要能培养和形成这些优良的品质。

③体育教师要能采取一定的手段和措施培养学生良好的体育行为,培养学生发现美、热爱美、欣赏美的能力,使学生的综合素质与能力得到升华。

(4)室外工作艰苦(户外教学的艰苦)

与其他学科教师相比,体育教师在上实践课时主要是在户外进行,户外体育教学具有环境开放性、空间广阔性的特点,这就要求体育教学要有更为严密的课堂组织与有效的教学方法。此外,户外体育教学受天气和环境的影响极大,随时要做好面对恶劣气候的准备,这充分说明,与其他学科的教学相比,体育教学实践具有一定的艰苦性,对体育教师的考验更大。

2.体育教学中教师的主导性表现

(1)体育教师是贯彻体育教学指导思想的主导者

在体育教育不断发展的背景下,体育教学思想也必须与时俱进,共同发展。与以往传统的体育教学相比,现代体育教学思想主要体现在两个方面:一方面主要体现在体育教材的内容中;另一方面主要体现在体育教学过程中。总之,体育教师对体育教学思想的贯彻主要体现在整个体育教学过程中。

(2)体育教师是选择和加工体育教学内容的主导者

在整个体育教学活动中,体育教学内容的选择和加工是一项非常重要的工作,同时也体现出体育教师的主导性地位。体育教学发展至今,引入到体育教学中的运动项目越来越多,因此对这些教学内容进行加工就显得至关重要。体育教师作为体育教学活动的主导者和指导者,要学习和掌握科学选择体育素材并将素材加工成为体育教材的技能。体育教师在选择和加工体育教学内容时,首先要考虑到学生的需要,其次要考虑到学科的要求,最后还要考虑到社会对人才的需求,将三者结合起来,选择与加工出符合学生身心发展与社会对人才需求的教学内容。

(3)体育教师是选择和运用体育教学方法的主导者

在体育教学中,体育教师是选择和运用体育教学方法的主导者。目前,各类体育教材中对教学方法和手段不尽相同,各有优势和弊端。因此,体育教师要学会如何选择与运用体育教学方法,这样才能保证取得良好的教学效果。

(4)体育教师是学生良好学习方式的主导者

在体育教学中,学生要建立和形成良好的学习方式,这对学习成绩的提

高具有非常重要的作用。学生要想养成良好的体育学习方式,必须以探究性和自主性学习方式为基础,在体育教师指导下进行学习。在探究性和自主性学习方式下,学生的学习更为灵活、自主和富有创造性,能有效地提高教学质量和效果。

(5)体育教师是评价学生体育学习的主导者

体育教学评价能对教学活动的顺利进行起到一定的指导作用。在体育教学中,体育教师是评价学生体育学习的主导者。在体育教学中,体育教师要时刻关注到每一位学生的表现,对学生的学习态度和学习成果进行综合评价,在必要的时候鼓励并帮助学生解决学习中遇到的各种问题,促使学生的学习水平得到提高。

(6)体育教师是创造优良体育教学环境的主导者

在体育教学中,体育教师的主导性还体现在体育教学环境的创造上。体育教学环境具有一定的特殊性,对教学活动的安全性要求较高。因此,体育教师必须具备良好的教学情境组织和创设能力,为学生创设一个良好的学习氛围,从而促进教学质量的提高。

(二)体育学生

1.体育学生的主体特征

在体育教学中,学生是学习的主体,学生在学习的过程中主要是获得间接经验,而不是直接经验。学生接受的是前人的认识成果,他们认识活动的客体主要是前人的经验,这与人同自然、社会环境的直接接触具有较大的不同。另外,学生获得直接经验的过程只能作为一种辅助的认识活动,学生体力和智力的发展也在一定程度上限制了他们活动的认识程度和能力。在大力提倡学生自主性的今天,我们仍然要看到其中“度”的重要性,学生系统地学习和掌握前人的经验和知识,是日后创造性劳动不可或缺的重要手段。

学生在学习的过程中,主要是能动地接受教育信息,在这一过程中,大脑不仅反映外界传入的各种信息,而且,还能够对外界的信息进行一定的加工和改造,改造的过程既取决于学生所接受的信息,也取决于学生的目的、意图等。学生在学习的过程中,只有在最适当的觉醒状态下才能对外来的

信息进行加工与整理，通过大脑皮层的工作制定适合自己的活动程序。

学生是教学活动中信息的接受者，但并不意味着只是消极被动的接受者，学生在加工与改造信息的同时，也会对教师的"教"做出一定的反应，输出反馈信息。学生接受信息的效果，在很大程度上源于自己的兴趣、价值观、学习能力、学习方式等多种因素。因此，要想有良好的教学效果，体育教师与学生一定要协调配合好。

2.体育教学中学生主体性的体现

学生的主体性是指在体育教学活动中，作为学习主体的学生在教师的教授、指导和引导下所表现出的积极态度和有独立性的、有创造性的学习行为。在体育教学中，学生能够通过自身的主观能动性来获得学习的主体性。一般情况下，学生的主体性地位主要表现在以下两个方面。

(1)学习内容的选择性

学生在学习的过程中，对学习内容的选择性主要表现在对学习内容和学习方式的选择上。随着现代学校教学的不断发展，出现了大量的教学内容与方法，而为了使学生得到更好的发展，我国教育部门也提倡学校采用一些学生主动参与教学内容选择的方法，学生按自己的意愿自由选择体育课程，这种方式极大地激发了学生学习的积极性。

在体育教学中，体育教师在对教学内容进行筛选后，学生才能够对体育教学内容做出合理的选择。学生自主选择教学内容有利于提高学习体育的积极性，促进教学质量的提高。

(2)学生学习的自主性

学生在体育学习的过程中，会表现出一定的自主性，这主要表现在以下几个方面。

第一，学生可以根据自己的兴趣和爱好自由选择学习的方式，从而保证良好的教学效果。

第二，学生能够独立支配自己的体育学习活动，具体表现为个性化学习方式和学习行为。

第三，在探究性的体育学习过程中，学生能充分地发挥自身的想象力和创造力。

第三节 体育教学的相关科学理论

体育教学活动的顺利开展需要遵循一定的原理,如刺激适应原理、学习认知原理、循序渐进原理、超量恢复原理、效益平衡原理等。学习和掌握这些原理是体育教学对学生的基本要求。

一、刺激适应原理

刺激适应是体育学课程的一个非常重要的规律,这一规律是基于运动生理学的角度对体育教学的研究所提出来的。

所谓刺激,就是指通过一定强度的运动形式使运动参与者能够接受某一种训练,并且能够保证一定的训练效果。有效的运动刺激能提高学生在整个运动训练过程中机体机能的适应过程,该过程一般包括机体能源储备能力、机体调节能力和机体防御能力等。体育教学的过程,就是在学生基础体能和技能水平基础上,提高其专项体能和运动技能的过程,刺激就是这一过程的起点。①

可以说,科学有效的刺激能在很大程度上提高运动训练的效果,这就要求体育教师要合理把握不同学生的个体情况,安排好运动负荷,针对学生的具体实际制订合理、有效的训练解决方案。

所谓适应,就是在一定强度的刺激下,逐渐使学生能够提升某一运动技能,这种适应具有一定的阶段性和层次性特点。首先,在最初的技能学习阶段,即刺激阶段,学生的机体需要接受来自各方面的各种刺激;其次,在科学合理的运动负荷刺激下,运动者机体内部各器官和运动系统的功能产生一定的兴奋,并将兴奋传输到机体各个器官中,最后使整个机体都进入运动状态;再次,随着教学活动的持续进行,学生机体器官和系统持续接受刺激,并

① 刘锦:《现代体育教学体系的建设与发展研究》,中国书籍出版社 2018 年版。

持续对这种刺激做出反应，并使学生的身体机能进入良好的工作状态，而当随着运动训练的持续进行，当学生机体不能承受更大的外部刺激时，就表明机体已经适应了当前的运动刺激；最后，如果学生能坚持体育运动锻炼，就能在全面增加运动刺激的基础上，产生明显的身体结构和机能方面的改造，促进身心的完善与协调。

刺激适应原理在体育教学中的应用非常广泛，以篮球教学为例，篮球有很多技术，如扣篮，扣篮技术对人的要求较高。对于不同层次的学生来说，要实现扣篮这一技术技能，不仅存在阶段性，还表现出明显的层次性特征，不同学生的扣篮技术之间会存在着明显的差异性，主要是运动训练中对技能训练适应的程度和阶段不同，因此对运动技能的表现也不同。特别需要注意的是，学生良好的机体适应是建立在科学训练基础之上的，如果篮球运动训练不合理，学生身体的某些机能就会出现一定的衰竭症状，是非常不利于教学与训练活动进行的。因此，为了实现既定的训练效果，必须对学生机体施加有效的刺激，合理安排运动训练负荷。

刺激适应原理要求体育教师在体育教学过程中，严格遵循学生机体适应刺激的变化规律，合理把握和安排运动负荷，以提高体育教学的质量和效果，从而促进学生身心的全面发展。

二、学习认知原理

可以说，认知理论是研究由经验引起的变化是如何发生的一种学习理论，是现代体育教学的一个非常重要的理论基础。

人的认知活动具有一定的规律性，主要表现为人对事物的认识和对知识或技能的学习必须经历一个由浅入深、由表及里、由简到繁的过程。

在体育教学实践中，体育教师不仅要指导学生进行身体运动，而且要讲解与传授学生大量的与体育运动相关的操作性知识，因此，整个体育教学过程就是促进学生认知水平提高的过程。大量的研究与实践表明，运动水平内在的变化与认知方式的变化有一定的相关性，通过专项认知训练可以促进运动水平的提高。

学生对体育内容的感知、理解、体会、运用等都有自己特有的规律，体育

教师要充分了解学生，遵循这些规律，在体育教学中，教师要使学生的体育知识与运动技术表象之间建立起稳固的联系，从而促进学生体育运动技能的提高。

三、循序渐进原理

所谓循序渐进，具体是指体育教学必须结合学生的学习认知、刺激适应的客观规律，逐渐增加运动量和运动强度，并最终实现学生体育理论知识、身体素质和运动技能的发展和提高。

循序渐进的内涵就是在具有一定强度刺激的基础上，使机体实现某一层次的适应，然后通过这一适应，再进行运动刺激使机体进入下一阶段的适应，如此循环渐进，从而实现运动技能的发展和提高。在体育教学中，学生体育理论知识的学习和运动技能的训练都是一个循序渐进的过程，不可能一时一日而成，需要长期的学习和训练才能发展和提高。

在进行体育运动训练时，学生运动水平的提高是由于机体的神经系统通过对运动系统及其他内脏循环系统反复多次调节而形成的适应性反应。这种适应性的形成过程非常复杂，需要通过长期的训练才可以，学生运动技能水平的提高也是长期参加训练的结果，因此，只有坚持长期参加训练，才有可能取得理想的训练效果，从而实现运动水平的发展和提高。

在运动训练实践中，学生运动水平的提高并不意味着身体素质一定得到了增强，反而会在一定程度上打破机体原有的生理平衡，因此学生在参加运动训练时，必须坚持循序渐进的原则，让机体在健康的情况下逐步形成新的生理平衡，如此才能有效地提高身体素质，提高运动技能。因此，在体育教学与运动训练中，循序渐进的原理非常重要，要时刻遵守。

四、超量恢复原理

超量恢复，是关于运动时和运动后休息期间能量物质消耗和恢复过程的学说。

在体育教学中，学生参加运动训练后，机体各种机能的恢复和超量恢复不是同时发生的。对于人的机体来说，机体不同器官有着不同的恢复速度。

首先是大脑和神经中枢的恢复,其次是心血管系统的恢复,最后是肌肉和心理的恢复;另外,机体不同能源物质的恢复速度也不同;不同训练水平的运动员恢复的速度也不同。一般情况下,训练水平越高,恢复速度越快,训练水平越低,恢复速度越慢。

在体育教学活动中,学生参加运动后机体各种机能的恢复和超量恢复程度也是不同的。通常来说,超量恢复主要受人的疲劳程度、运动量的大小和营养供给等因素的影响。而运动量的大小则是超量恢复强弱的重要影响因素。通常来说,运动机体的运动量越大,人体内各器官和肌肉的功能动员得就越充分,能量物质消耗得就越多,超量恢复也就会越显著。但是如果运动量超过了人体正常承受的范围,就会延长机体恢复的时间,不利于身体健康。而如果运动量过小,机体就得不到应有的疲劳,超量恢复的效果就不显著,不利于获得理想的训练效果。

在超量恢复原理指导下,体育教师在进行体育教学活动过程中应注意以下几点要求。

(1)通常情况下,运动时间短,运动强度不大,运动机体不能产生较大的反应,超量恢复不显著;而运动量越大,人体内各器官和肌肉的功能动员得就越充分,能量物质消耗得就越多,超量恢复也越明显。

(2)在反复进行运动训练时,教师要指导学生掌握好间歇时间。间歇时间要适当,不能太长或太短,太长或太短都会对学生的身心健康与运动技能的提高产生不利影响。

(3)体育教学活动中,运动负荷的确定应根据不同学生的特点和运动水平制定,通常来说,如运动后的心率达到140~170次/分钟,可以等到心率恢复到100~120次/分钟时,再进行下一次运动较为合适。

五、效益平衡原理

平衡,是指时间与质量来体现活动的价值和意义。效益,包括两层含义,即时间范畴的意义和质量范畴的意义。效益的评价可以由不同的主体、从不同的角度去进行,因此其标准并不是绝对的。不同的评价标准和方法,得出的结论也会有所不同。

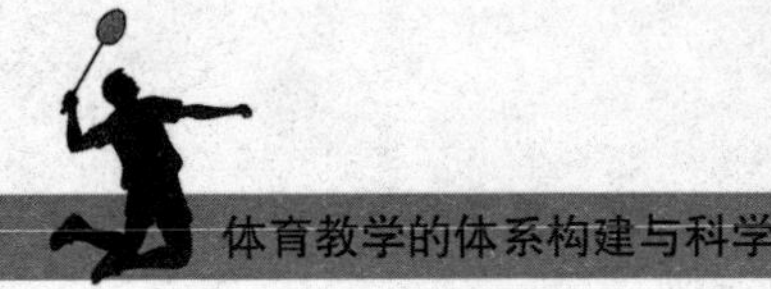

在体育教学中,效益平衡原理也具有非常重要的作用。体育教学效益平衡的原理就是在某一时间段内完成某一体育教学任务,并且能够保障体育教学任务的质量。

在体育教学过程中,效益平衡的实现主要由教学任务决定,而教学任务则具有一定的不可调整性,因此,教学活动参与者必须在一定时间内完成这一教学任务。

在体育教学中,体育教学课程目标的实现是一个循序渐进的过程,每一个小的教学任务和目标实现后,后边还会有大的任务和目标。因此,这就需要在效益的追求背景下,最大限度地提高质量、节省时间,从而实现教学任务的效益。

在体育教学中,以足球比赛教学为例,比赛教学法对参与整体的技术技能掌握具有较高的要求,前一个足球技术教学任务不能完成,则之后的比赛教学就无法开展。在足球教学中,效益平衡不仅适用于某一动作技术的学习和掌握,而且在整个足球课程的落实过程中也能够得到广泛应用,因此说效益平衡原理在体育教学中发挥着极为重要的作用。

六、奖惩激励原理

奖惩激励原理,就是要合理奖惩,侧重激励。在体育教学中,这一原理得到了广泛的应用。

高校体育课程具有集体参与、公开性的特点,需要有一定的奖惩激励措施来实现教学的效果,进而实现教学目标。大量的实践表明,适度的奖惩和激励能够有效地促进学生心理健康的发展,在具体的操作过程中,要做到合理奖惩和侧重激励。

合理奖惩,是针对体育教学中学生的表现而采用的鼓励和抑制的教学原理,所谓合理,是指奖惩要公开、及时、适度。奖励可以采取物质奖励或精神奖励的方式进行,能有效地激发学生学习的积极性。在体育教学中,精神奖励方式要受到重视,精神奖励是用精神的力量来激发学生学习的积极性,一个人的精神状况如何,对其行为影响很大,而精神可以在一定程度上弥补物质动力的不足。在具体的教学过程中,教师要根据学生的实际情况,有所

侧重地选择奖励的方式,综合运用各种奖励方式和惩罚手段,其目的都是不能打击学生学习的信心,而是帮助学生建立学习的自信,从而实现良好的教学效果。

侧重激励,就是通过体育教学实现学生身心协调发展,进而实现学生的全面发展,激励的实质是力戒错误的延续,实现体育课堂教学的最优化发展。一般来说,体育教学激励的主体主要有两个,即学生和教师。对于学生来说,通过对体育教学过程中学生的良好表现给予表扬和赞赏,以激发学生学习的积极性。在激励学生的过程中,教师要掌握好激励的度,要以能调动学生的积极性为准。一般来说,对于学生的刺激要随着管理环境和管理对象的变化而变化,不断地调动学生学习的积极性。而对于教师来说,学生的良好表现就是教师的刺激物,能刺激教师更好地组织与管理教学活动。

在体育教学中,分组教学法是合理奖惩、侧重激励原理的重要体现,科学分组,能有效地保障各组之间的竞争,而小组学习对比和竞争就是对奖励的追逐和认可,同时,也是对惩罚的默认,通过分组学习促进学生自我学习与提高的能力。

需要注意的是,在体育教学中,很多运动项目都是集体性项目,需要学生之间的密切配合,学生要正确认识和处理好个体动力与集体动力之间的关系。一般情况下,个体动力与集体动力是相互对立的,个体动力得到最大发展,往往集体动力就要受到损失;集体动力得到最大发展,个体动力就要受到抑制,最好的办法是使个体与集体共同得到发展,这就需要体育教师与学生的密切配合。

七、体能技能注重内涵原理

体能技能注重内涵原理,具体是指在体育教学中,在重视学生体能和运动技能发展的基础上,不断完善学生基本内涵的基本原理。这一原理在当前的体育教学中得到了广泛的应用。

在体育教学中,学生体能与技能的学习受多种因素的影响,单纯的体能和技能的提高并不能促进学生的长期发展。首先,对于学生而言,应以发展体能为主,技能促进为辅,即当体能与技能发生矛盾时,优先要发展体能,因

为体能是技能发展的基础，同时这与体育教育的本质目的(促进身体素质发展)是分不开的。

其次，就体能、技能与其他个体运动能力和要素之间的关系来讲，要在发展学生体能与技能的基础上，培养学生的其他品质与精神，即注重内涵。在体育教学中强调学生良好意志品质、文化素养的提高，不仅能使学生摆脱金钱的束缚，实现公平竞争，弘扬体育道德，培养人性，挖掘人的潜能的目的，此外，责任感、态度、信念等精神品质的培养也对学生体能水平的发展意义重大。因此，体能、技能与思想道德等品质的培养同样重要，需要体育教师引起重视。

第四节　体育教学的改革与发展

一、体育教学改革过程中存在的问题

近年来，我国体育教学改革不断深化，有力地推动了体育教育的发展。当前体育教学改革的理念在于打破传统的以竞技体育为主的教育思想和竞技体育体系，力求更多加入人本主义精神，以贯彻身体、健康、娱乐、竞技等作为体育教学改革的目标。在这种理念的指导下，我国的体育教学改革取得了一定的成绩，但这一成绩与21世纪对人才所提出的“知识、能力、素质全面发展”的目标要求相比仍有较大的差距。由此可见，我国学校体育教学改革还有很长一段路要走。

当前我国体育教学改革中存在不少问题，这主要体现在以下几个方面。

(一)体育教学目标缺乏准确性

在当前的体育教学中，教学目标仍旧是以让学生掌握某项体育运动技术为目标，如掌握乒乓球、羽毛球或足球技术。其年终考核也是以这些技术的量化指标为标准，显得非常单一。这种教学目标强行让学生接受教学内

容，不利于学生能动性和创造性的发挥，使得体育教学目标与真正的目标有所偏离，缺乏一定的准确性，对体育教学是非常不利的。

（二）体育教学质量出现下降趋势

当前，我国的体育教学目标缺乏一定的准确性，这直接导致了学生学习体育的积极性不高，不能充分发挥自己的个性，不能充分体现现代体育的特殊性。而新型的教育理念要求在体育教学中体现出以人为本与主动性的双重原则，但在实际的体育教学中，体育教师为追求高效率教学，只是将这些理念仅仅停留在文字和语言上，缺乏实践，造成了言行不一的局面。长此以往，这必然导致体育教学工作质量的下降，不利于体育教学水平的提高。

（三）体育教师专业水平相对较低

发展到现在，体育教学内容越来越多，这对体育教师是一个极大的挑战。体育是一门专业性非常强的学科，为了达到预期的体育教学目标，体育教师就必须有丰富的体育理论知识、出色的运动技能水平和丰富的教学经验。现代体育教学内容中充满了较为新颖、现代的体育运动，体育教师能否掌握这些先进的技术就成为保证教学质量的关键。

当前，总体而言，我国大部分学校体育教师的学习速度显然还没有完全跟上新兴运动进校园的速度。现代体育教师的培养环境多是在传统体育教学模式下产生的，一些条件较好的学校还聘请了一些退役运动员担任体育教师。不过，这两类体育教师大多是技术型和训练型的，他们的运动技能水平有着相当高的层次，但文化水平却普遍较低，科研能力较弱，这非常不利于教学。另外，受传统培养方式的影响，这一类体育教师普遍对自己专业以外的体育课程和项目重视不够。

综上所述，我国大部分学校体育教师的专业水平较低。他们掌握的知识相对陈旧，教学方法与手段也缺乏创新意识，造成体育教师整体专业水平的下降，对我国体育教学工作的发展产生了重要的影响。

（四）体育教学硬件设施较为匮乏

总体来看，我国是一个体育资源较为匮乏的国家。在当前的体育教学中，很多学校所拥有的体育资源显现出不足、陈旧等现象。教育改革从总体

上增加了学校生源，而学校学生的人均体育资源则保持不变且逐年下滑，这样就加大了学生数与体育资源数的反比关系。由此可见，体育教学场地设施严重缺乏就成为当前影响我国体育教学发展的重要因素之一。

（五）传统教学思想仍起主导作用

自古以来，我国的传统文化就非常重视教育育人的作用，传统的教育理念也一直延续至今。然而，现代教育早已不同于传统教育，这是社会发展的必然。在现代教育背景下，如果仍旧延续传统的教学思想，是不符合现代教育发展趋势的。

就我国学校体育教学思想而言，它一直秉承着体育健身的理念。这种理念本没有错，但是当前社会要求注重素质教育，这种理念就显得与时代不符，显得比较片面，它在涉及德、智、体三方面关系的教学实践中过于重视对“体”的练习，忽视了对学生“德”与“智”的培养，这两方面的素质在当下也是成为社会所需人才不可或缺的内容。由此可见，若学校体育教学的实际工作还停留在以竞技项目为主要内容的传统体系的话，对我国体育教学的未来发展是非常不利的。

二、体育教学的发展趋势

（一）终身体育将成为学校体育教学发展的指导思想

终身体育是指将体育纳入自己的生活，并伴随人的一生。终身体育观念的树立和终身体育能力的形成，与学校体育教学的发展有着极其密切的关系。

1.终身体育是现代社会发展的需要

随着我国社会生产力的不断发展，人们的体力劳动逐渐减少，并且体力劳动的强度也逐渐降低，与之相反的是，由于知识更新速度加快，科学技术水平迅速提高，使得人们必须不断地改善自己的知识结构才能够适应社会的发展，随时调整自己的心态以面对来自各种竞争的压力，所以人们的工作节奏和精神往往都处于高度紧张的状态。因此，一旦缺乏对于此的合理调节，就会导致一系列健康问题的出现，致使人们的健康水平下降、工作效率降低。而应对这种由于工作压力大和活动不足而造成的结果，最好的办法就是通过科学的体育锻炼来缓解和消除。

现代社会的不断发展给人们带来了优裕的物质生活条件和充足的余暇时间，但也不可避免地带来了一些社会文明病，在这样的形势下，人们需要通过体育运动来丰富自己的余暇生活，需要通过活动来放松身心，需要体育锻炼来增强体质，提高健康水平。换句话说，当今社会，不同阶层、各个年龄段都需要进行体育锻炼，终身体育是大势所趋。

2.终身体育需要树立正确的观念，形成必要的能力

树立正确的观念，形成体育能力是学校体育教学的重要任务。树立终身体育的观念需要学生能够充分认识和理解体育价值，对体育有一个科学的态度，这需要教师引导学生来完成。形成终身体育能力是指学生要掌握体育锻炼的知识，养成经常锻炼的习惯，学会体育锻炼的技能，掌握体育锻炼效果评价的方法，从而能够积极主动地参与体育运动锻炼，为步入社会，形成良好的社会适应能力奠定基础。

（二）课程目标的调整将成为学校体育教学发展的重点

体育课程目标是学校体育教学编制的依据，调整课程目标，使之更符合以学生为本的现代教育思想，是当今课程目标发展的共同趋势，它具体表现在以下几个方面。

1.增强大学生体质，提高大学生的健康水平

增强学生体质，提高学生的健康水平，这一教学目标是由体育的本质属性所决定的。

2.重视体育知识、技能和方法的掌握

在体育教学中，在培养学生体育知识、技能水平的同时，还要注意培养学生的体育兴趣和爱好，不断激发学生积极的体育动机的需要。体育知识、技能和方法是构成学生体育素养的基本要素，这些基本素养能为学生今后从事体育锻炼打下良好的基础。

3.重视终身体育观念的树立

要树立终身体育观念，就需要在日常的体育教学中注重终身体育能力的培养，促使学生养成良好的体育习惯。终身体育观念是学校体育教学目

标改革的指导思想,也是学校体育教学发展的落脚点。终身体育能否实现,在很大程度上取决于终身体育观念的确立。

4.注重学生的个性发展

在体育教学中,注重学生的个性发展,就要摒弃旧的培养模式,正视个体与个体之间的差异。倡导个性化教育,是学校体育教学发展的切入点,而培养竞争意识和创造能力是学校体育教学目标的重要内容,也是促进学生个性发展的重要因素。在现代教育背景下,重视学生的个性化发展已成为大势所趋。

5.重视体育在促进学生全面发展中的作用

体育是学校教育的重要组成部分,而促进学生的全面发展则是学校体育教学的重要目标。利用学校体育教学本身的特点,在改善学生身心素质的同时,发展学生的智力,培养学生的道德品质是促进人的全面发展的具体体现。

(三)教学内容的更新成为学校体育教学发展的突破口

在体育教学中,课程内容是实现体育教学目标的重要因素,也是实现教学目标的重要载体。课程内容要适应现代学校体育教学的发展需要,体育教学内容的更新与发展要注意以下几点。

1.具备科学性和逻辑性

科学性是指教学内容体系的合理性,在体育教学的不同阶段,有与之相适应的侧重点,符合教育的内在规律和大学生的身心发展的规律和特点。

逻辑性是指教学内容内部技能的处理与大学生的身心发展规律相一致。

2.具备多样性和趣味性

教学内容的多样性是指内容丰富,学生有较充分的选择余地;而趣味性则是指要选用那些受学生欢迎、生动有趣的教学内容,要引导学生对体育教学内容产生兴趣,积极主动地投入到学习之中。

3.具备通用性和民族性

通用性是指教学内容具有统一的规范,适用于各种类型的学生,这是现代学校体育教学内容的主体。民族性则是指教学内容中应吸收那些学生喜闻乐见、兴趣浓厚、具有明显地方色彩的民族或地方体育运动项目。这些内容容易激发学生的学习积极性，从而达到非常理想的效果。

4.具备迁移性和灵活性

迁移性是指教学内容内在联系密切，一部分内容的掌握可以为另一部分内容的学习打下基础，从而实现教学内容的可转移化。灵活性是指以学生为本为出发点，使得教学内容有较大的选择余地，不搞同一标准、同一模式，充分扩大学生在教学当中的自主权。这一教学内容是根据学生的具体实际和要求而选用的，能最大限度地提高体育教学的效果。

(四)教学体系将向综合性方向发展

在学校体育教学中，学生是主体，因此评价教学体系的标准要围绕学生进行制定，教学体系的建立必须满足学生个体的发展和社会的需要。实际上，学生的个体需要和社会需要是辩证统一的。社会需要从某种意义上来说就是所有个体发展的需要。而从体育的角度来说，学生个体就必须发展成一个融知识、品格、能力和方法为一体的综合性素质结构。因此，学校体育教学体系的建立必须有助于学生体育锻炼和体育理论知识的掌握、终身体育能力的培养和综合素质的提高等，这是学校体育教学发展的总体趋势和要求。

(五)传统的教材内容将得到改善

当前，我国体育教学存在着诸多问题，其中体育教学内容重复、脱离学生学习的实际是一个重要方面。作为面向全体学生的体育教材，其趣味性、娱乐性、健身性和实用性往往存在着很大的不足，难以满足不同层次学生学习的需要，这严重影响着学生学习的积极性，不利于体育教学目标的实现。

因此，未来的体育教学内容必须从学生的个体需要出发，包括当下的学习兴趣，将来的工作、生活需要等结合在一起，强调健身性，删除一些大学生不感兴趣的、与将来工作生活关系不大的教材内容或缩短这部分内容的课时，由教师和学生共同精选或增补一些学生感兴趣的、健身效果突出的体育基础知识、健身方法和项目，确定时数和教学进度。不要盲目追求教学内容的多、大、全，要选择学生喜闻乐见的体育运动项目，培养学生的体育兴趣和

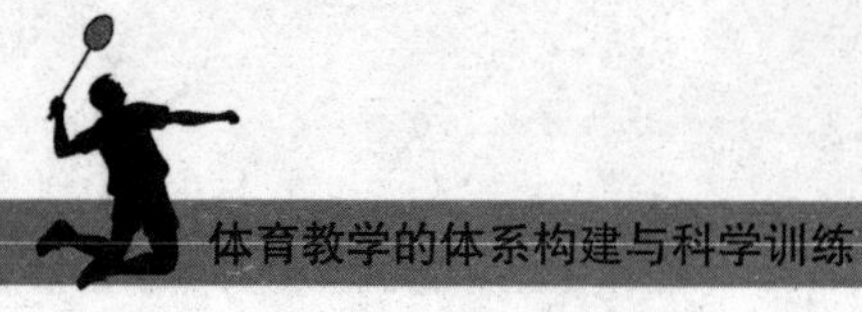

特长,以促使其养成终身体育的意识和习惯。

(六)过于规范化、一体化的教学组织管理将得到改善

很长一段时间以来,我国在学校体育教学的组织上往往过分要求学生绝对服从教师指挥,强调统一目标、统一要求、统一行动。这种统一化的教学形式在一定程度上扼杀了学生好动的天性,降低了学生对体育课的积极性和浓厚兴趣,很多学生甚至产生逆反心理,不利于体育教学活动的开展。

未来的体育教学,应以自主管理为主。针对学生以往在体育教学中被管得过紧的情况,必须在体育教学中开展责任教育研究,使学生明确自己的行为责任,树立以人为本的自主管理思想,保证学生充足的活动时间和空间,让学生在轻松、自然的环境与氛围下进行学习。

(七)注入式、训练式的教学方法将得到改善

体育学习与其他学习存在着许多不同之处。体育学习必须在懂得其知识、原理以及方法的基础上,才能够会做会练,同时还要达到育心、育体的目的。因此在学校体育教学的过程中,大学生要主动参与、积极学习,才能真正发现体育的真谛,从而体验运动的乐趣。但注入式、训练式的教学方法很难让学生主动地、生动活泼地学习,学生只能被动学习,离开教师就不会学、不想练或学了就丢,最终起不到丝毫效果。

受传统教育思想的影响,教师对学生学的方法重视程度不够,教师难以把握学生的心理认知水平和个体差异,难以检验和评价学生的学习过程和学习结果。为了真正体现教学以学生为主体,让学生做学习的主人,在教学中必须尝试以自主探究性学习方法为主,尽量减少注入式和训练式的教学方法,让学生通过自主学习,培养良好的学习习惯,这对于教学质量的提高具有非常重要的意义。

(八)达标化、一刀切的体育成绩考核评价方式将得到改善

当前,我国体育教学评价手段比较单一,这种教学评价方式严重阻碍着体育教学的发展。因此,在未来的体育教学中必须重视学生在学校体育教学过程中的基础差异和发展进步及努力程度,加强对学生学习锻炼的独立性、创造性等评价,所以采用“考”和“试”的方法。考的内容是大纲要求应掌

握的最基本的体育知识、技能等，占 50%；试的内容是鼓励学生在大胆尝试选择性学习后，由教师和体育委员对他们通过课内外努力自学掌握的体育知识和技能或自创的健身项目、动作和锻炼方法等进行测试和评价，占 50%。以此来促进学生形成良好的健身意识和习惯。

三、体育教学的发展对策

（一）将终身体育作为体育教学发展的指导思想

终身体育是当今学校教育当中一个非常重要的理念，终身体育就是将体育纳入自己的生活，并伴随自己的一生，这种观念的确立对我国体育教学的发展是非常有利的。

在体育教学中，树立终身体育观念不仅是体育教学目标改革的指导思想，同时也是学校体育教学发展的落脚点。体育教学目标的实现在一定程度上取决于这一观念是否得到贯彻与实施。当下，树立终身体育的观念要求体育教师正确引导学生认识与理解体育的内涵，端正学习体育的态度，以积极饱满的态度投入体育课学习当中，以形成终身体育能力，为终身体育锻炼奠定良好的基础。

（二）以课程目标调整为体育教学发展重点

体育教学首要的目标是增强学生体质，这一目标主要是由体育的本质属性所决定的。在体育教学中，要根据这一目标调整体育教学的重点。具体而言，调整体育教学目标主要从以下两个方面入手。

第一，注重学生的个性发展。体育教师应该尊重学生在体育教学中的主体地位，将促进学生的个体发展作为体育教学的切入点，培养学生的创造能力，促进其个性化发展。

第二，重视学生体育知识、技能与方法的掌握。体育的知识、技能与方法是构成学生体育素养的基本要素，因此具有积极的体育动机和良好的体育素养能够为今后学生从事体育锻炼打下良好的基础。

（三）以丰富教学内容为体育教学发展途径

不断丰富与创新体育教学内容是促进体育教学发展的重要途径和手

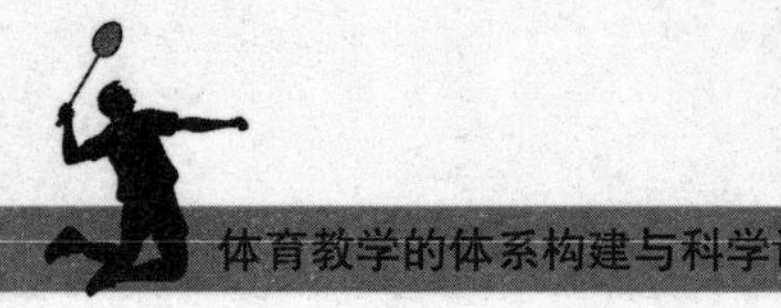

段，这就要求体育教师在教学过程中应该重视以下几点。

1.突出体育教学内容的科学性与逻辑性。在体育教学课程设计的不同阶段，体育教学内容应符合教育的内在规律和学生的身心发育特点，与学生的身心发展规律相符。

2.重视体育教学内容的多样性和趣味性。一方面，丰富的体育教学内容能够为学生提供较充分的选择余地，提高学生的自由度；另一方面，增加体育教学内容的趣味性有助于激发学生学习的积极性，以积极的心态投入到学习当中。

3.提高体育教学内容的通用性与民族性。其中，通用性是指教学内容要统一和规范，适用于绝大多数学生。而体育教学内容的民族性是指教学内容要具有一定的地域特色，深受学生的欢迎和喜爱。

（四）建立综合性的体育教学体系

学生是体育教学的主体，在体育教学中，教师要围绕学生的全面发展建立起一个科学有效的综合性体育教学体系。具体而言，综合性体育教学体系的建立应以满足学生个体发展的需要和社会需要为前提，共同实现学生个人和社会的共同发展。而从体育的角度来说，应通过体育教学促进学生个体身体素质的全面发展和良好心理健康状态、个性心理特征的形成，使学生发展成为一个综合性人才。

第二章

体育教学内容

体育教学内容是根据体育教学目标以及学生身心特点、发展需要和教学条件确定的,在体育教学环境下传授给学生的体育知识、技能和方法。本章针对体育教学的内容进行分析与阐述。

第一节　体育教学内容概述

体育教学内容的进一步理解,需要从以下几个方面入手:

一、目标与内容的关系

教学"目标"与教学"内容"的关系问题,一直是体育课程整改中争论的焦点问题。正确的理解应该是"目标引领内容"。

"目标引领内容"是《义务教育体育与健康课程标准(2011 版)》(以下简称《课程标准》)的重要理念之一。体育课程标准打破了传统的教学文件的编制体系,没有规定具体的教学内容,把教学内容的选择权和决定权交给了地方教育主管部门和一线的学校以及一线的体育教师,这打破了传统的禁锢思维模式,是学校体育的进步。

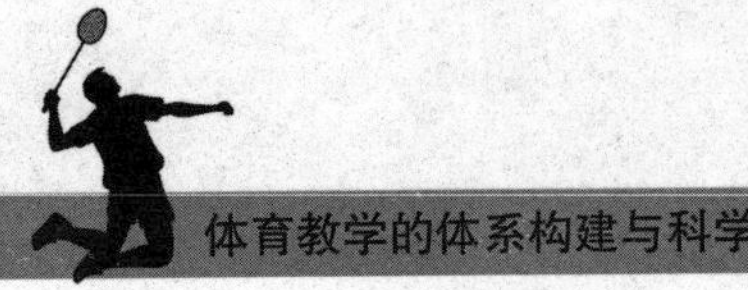

强调以目标引领内容，主要是基于两个方面的考虑：

1.能够为体育教师创设一个有利于其发展、创新和展示的平台，注重教师和学生的个人特点和需求，实现其对教学内容的选择权。

2.考虑到我国实际情况，全国各地差异很大，每个地方、每所学校都有各自的地理环境、课程内容资源的差异，很难做到统一要求。

因此，目标引领内容的理念非常符合各地各校的实际情况，是一种实事求是的做法，就是为了方便各地各校根据实际情况来选择内容，只要达到课程标准所规定的目标即可，正所谓“条条大道通罗马”。

这个道理很容易理解，例如，如果我们把发展学生的耐力素质作为我们要达到的课程目标，传统的做法几乎都是要求学生围绕田径场一圈又一圈地反反复复地跑步，这样千篇一律的练习内容既单调又乏味，这种统一的要求，没有考虑到学生的个性差异，导致绝大多数学生都无法体验到运动的乐趣，也容易导致学生“喜欢体育，但是不喜欢体育课”的现象出现。实际上，针对发展耐力这一目标，我们完全可以根据学校和学生的实际情况而选择不同的练习内容去实现，例如，体育教师可以同时提供多种练习内容，如慢跑、定时跑、追逐跑、跳绳、篮球或者足球比赛等等，然后让同学们结合自己的情况去选择，这样不仅能够实现发展耐力的目标，而且更能够培养学生的体育自主学习能力，为其终身体育打下扎实的基础。

二、竞技运动项目内容

由于新体育课程强调打破传统的竞技运动项的教学色彩和教学观念，不能理解的体育教师就不敢教竞技运动项目了，这是对《课程标准》的误解。实际上，新体育课程改革从来就没有视竞技体育为“洪水猛兽”。强调“健康第一”的指导思想，并不排斥竞技运动项目的教学。

竞技体育的价值和功能对培养人的竞争意识和社会适应能力的效果是得天独厚的。虽然竞技体育与学校体育的目的和对象不同，但是竞技运动项目服务于体育课程，实现体育教学的目标是完全可以的。只是在处理竞技运动项目的教学时，要做到“形散神不散”。我们要用其神，非其形。这应该主要体现在两个方面：第一，要考虑到竞技运动项目的趣味性与实用性，

选择那些对学生的发展有用且又是他们所喜欢的运动项目;第二,要关注其教育性和健身性,要有利于实现体育教学目标;第三,要关注其适应性与生活性,要经过加工和修改,符合学生身心特点后才能进入体育课堂,如可以通过修改竞技运动项目的场地器材标准和规则等。

竞技运动项目进行教材化改造后,它的教学问题也就突显出来了,那就是不能用训练的方式进行教学,因此,在教学中要注意以下四个方面:

(一)面向全体学生,注意因材施教

学生学习竞技运动项目的主要目的不是为了要成为一名出色的运动员,而是需要通过体育课的学习,掌握一定的运动技能进行体育锻炼。因此,在教学时,应该教会学生掌握基本的、重点的动作技术,不要过分追求运动技术的标准化等,更不能用训练运动员的方法进行教学,必须考虑到每一位学生的身心特点,在面向全体学生的同时也要注意因材施教。

(二)促进学生的身心健康

《课程标准》提出"坚持健康第一的指导思想,促进学生健康成的课程理念,这意味着竞技运动项的教学要为增进学生的健康服务"。因此,在竞技运动项目的教学中,必须改变竞技体育的教学观念和教学色彩,注意课堂练习负荷量和强度,不能超过他们的承受范围。完全照搬竞技运动训练的方法和手段必然会损害学生的身心健康。

(三)促进学生全面发展

学校体育必须为学生的终身体育奠定基础。这提示我们,学校体育的价值体现不仅仅是为了竞技,更是为了教育。因此,必须改变仅仅强调竞技运动技术的教学观念,必须改变教师单纯地为竞技运动技术而教、学生单纯地为竞技运动技术而学的做法。此外,由于体育自主学习能力与终身体育、创新能力关系密切,对建设创新型国家大有裨益。因此,必须重视培养学生的体育自主学习能力。这对促进学生运动技能提高、锻炼方法掌握和终身体育习惯养成都是大有裨益的。

(四)教学手段多样化

在新体育课程改革的理念下,必须贯彻"健康第一"的思想,明确教学手

段必须为学生身心健康服务、为促进学生全面发展服务。从实际出发,把握健身体育和终身体育的方向,通过教学手段的创新来促进竞技体育运动项目创造性地运用到体育教学中,努力创造机会让学生根据自己的不同情况进行选择与运用。

可见,在竞技运动项目的处理问题上,除了要进行教材化改造外,还要注意通过教学方法的改革来发挥它的多重功能和价值。体育课程的主要目标是为学生的终身体育做准备,如果教师在教学中不重视情感目标,他们可能选择不参与身体活动。因此,要将竞技运动技能的教学和培养学生的正确体育态度、积极情感、道德规范、合作精神、健康行为等有机结合起来,这样的运动技能教学才更有意义和价值。

体育教学内容与竞技运动内容的区别表现在:

1.体育教学内容是以教育为目的,而竞技运动内容则不是以教育为目的,是以娱乐和竞技等为目的。

2.体育教学内容必须根据教育的需要进行必要的改造、组织和加工,而竞技运动内容则不必进行这种改造。

所以,在现实中有些同名的竞技运动内容和体育教学内容会有很大的差异。

三、体育教学内容的选择技巧

体育教学内容繁多,不仅同一项目具有多种功能,而且同一功能也可以用不同的项目去实现,何况学生在课堂上的体育学习时间本来就非常有限,教所有的运动项目既不可能也没有必要。因此,指导好一线体育教师科学地选择教学内容就显得非常重要。究竟选择什么样的内容进行体育教学,除了要考虑上述的“符合学校实际情况”这一因素之外,还应该重点考虑以下三个方面。

(一)要符合学生的身心发展特点

不同年龄的学生具有不同的生理和心理特点,他们对体育学习内容的生理适应程度和兴趣爱好等方面都有明显的不同。选择的内容越是符合他

们的身心发展特征,他们参与运动的积极性和主动性就会越高,学习效果也会越好,那样的话,他们就不仅喜欢体育,也喜欢体育课了。

(二)要密切联系学生的生活实际

在学生的课余生活中,存在着较多的与体育运动相关的经验,如城市里的学生也许对足球、垫上运动、篮球、跆拳道、健美操等有一定的感受和体验,农村的学生也许对攀、爬、跑、跳、野外及水上活动等有较丰富的感受和体验,少数民族地区的学生则可能对一些民族民间的运动项目有一定的感受和体验,如荡秋千、踩高跷、跳竹竿、舞龙舞狮或踢毽球等。在体育教学中,如果体育教师能够重视选择与学生的生活经验和实际情况密切相联系的内容进行教学,他们的体育学习兴趣、主动性和积极性就会大大提高,体育学习效果也会非常明显。

(三)要重视提高学生的终身体育能力

学校体育必须着眼于学生的未来发展,兼顾学生个体的差异和未来终身体育发展的需要。要充分考虑到学生兴趣的多样化需要,更好地加强教学内容的选择性,设置具有不同特点的,诸如室外运动、野外运动与水上运动项目等。

另外,科学地选择体育教学内容除了要考虑上述几个因素之外,还应该把握好几个原则,如选择性与实效性相结合原则、健身性与文化性相结合原则、民族性与世界性相结合原则等。

总之,体育教学内容的选择必须以教学目标为依据,应依据不同层面设计的教学目标,分析各个体育运动项目与身体练习的主要功能,在此基础上,将各个体育运动项目与身体练习进行整合,作为体育教学内容的素材。可见,在目标引领内容的要求下,体育教学如果仍然停留在旧有的模式上,内容难以体现目标要求,难以适应社会的发展和学生的实际情况,就是失败的体育教学。

四、体育教学内容的由来

体育教学内容从以下几个方面而得来:

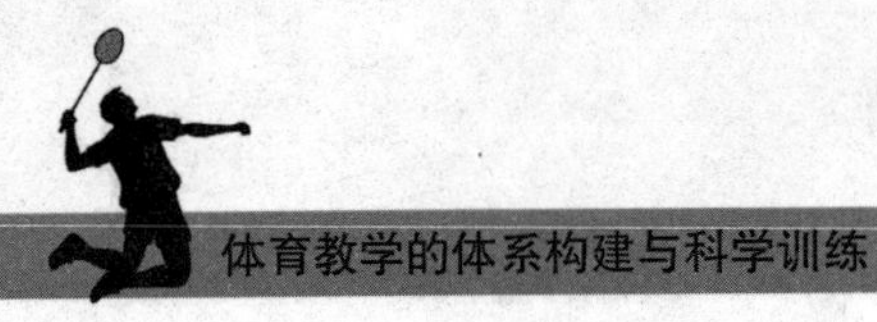

(一)体操与兵式体操

在公元前5世纪,出现了“体操术”和“体操家”的称谓。体操术中包括了竞技体操术(实际上是对竞技比赛项目的训练法)、医疗体操术(相当于运动疗法和保健运动)、教育体操术(相当于体操教学内容)三大类。兵式体操主要内容为队列、刺杀、托枪射击、战阵和战术等。这种兵式体操与近代器械体操构成了近代学校体育教学内容的体操类部分。现今大部分国家的体育教学内容中都有体操的内容。

(二)游戏和竞技运动

早在近代学校出现之前,在世界各国社会上或古代学校中就有游戏的内容,如欧洲的投阁、骑马等,后来这些游戏随着市场体育的发展逐渐地完善成形,成为比较正规的竞技运动。工业革命以后,以英国和美国的游戏为中心发展起来的近代竞技运动迅速发展,如棒球、橄榄球、篮球、排球、乒乓球、羽毛球等,还有以走、跑、跳、投等人体的最基本活动能力规范和发展起来的田径运动。这些现代竞技运动伴随着近代殖民主义的扩张和教会学校的发展迅速传向全世界,并在各国学校中逐渐成为体育课的主要内容。由于竞技运动具有很强的娱乐性和健身作用,深得青少年的喜爱,因此成为现在体育教育内容中占比最大、内容最为丰富的一部分。

(三)武术与武道

在古代学校里,体育多是以武士的教育来体现的,体育教学内容多是一些实用的军事性技能。如中国奴隶社会教育中的“射”和“御”,中世纪欧洲的“骑上教育”中的射箭、剑术,以及其他东方国家教育中的各种冷兵器训练和柔术等徒手防身术,这些内容构成了现在体育内容中“武术”和“武道”内容的基础。随着近代军事发展,这种技能作为军事手段已逐渐失去了实际意义,而向健身和精神修炼的方向转变。如中国的武术、摔跤,日本的柔道、弓道、剑道,韩国的韩式相扑等。这些内容由于在精神修炼和意志培养方面具有其他运动所不具备的功能和魅力,因此也一直深受全世界青少年的喜爱,并在许多国家的体育教学内容中占有一席之地。

（四）舞蹈与韵律运动

在古代社会中，舞蹈是人们祭祀和举行各种礼仪时最为常见的运动，深受人们的喜爱。例如，在中国敦煌壁画中就有许多市民在户外进行集体舞蹈的画面。世界许多地方的舞蹈也是各民族文化中的重要组成部分，近代学校中较早就有了舞蹈的内容，与舞蹈相近的韵律性体操类项目也在近代随着瑞典体操的发展而逐渐发展起来，后来在韵律体操的基础上又出现了艺术体操、健美操等。舞蹈也有了民族舞蹈、创作舞蹈、体育舞蹈等多种形式。

由于舞蹈和韵律体操在陶冶身心、培养美感和节奏感等方面具有独特的功能，所以，从它们成为体育教学内容后，就一直深受学生的喜爱。现在大多数国家的体育教学内容里都有舞蹈和韵律体操。

上述几大类内容是构成现代体育教学内容的主体部分。虽然各国体育课程中上述内容的比例不尽相同，对各个教学内容的重视和强调程度也各有差异，但体操类、竞技运动类、武术武道类、舞蹈及韵律体操类等几大部分内容是大致相同的，其余还有一些实用性的运动和野外运动，如游泳、登山、野营、滑冰、滑雪等，这些多是根据各种情况如文化特点、气候条件等所设立的构成本民族传统特点的体育教学内容。

五、体育教学内容的未来发展

未来的体育教学内容将非常重视教学内容的基础性和选择性。体育与健康课程在确立课程目标体系和课程内容的基础上，明确了教学内容的选择原则。各地区和学校制订具体的课程实施方案和教学计划时，应从师资队伍、场地器材、学生基础等方面出发，选编适宜的教学内容。农村学校体育基础相对比较薄弱，应特别注意开发与利用各种实用的课程资源，确保课程的正常实施。

未来选择和设计体育教学内容时将关注以下几点：

（一）体现"目标引领内容"的思想

教师应根据体育与健康课程的目标，认真分析教材，选择和设计教学内容，提高学生的运动技能和体能水平，加强学生健康维护的意识，促进学生

身心协调发展。

(二)符合学生身心发展特点

教学内容的选择和设计要充分考虑本学段学生的体育与健康学习基础、身体特征、体能发展敏感期和心理发展特点等,提高教学内容的针对性。

(三)充分考虑学生的运动兴趣与需求

教学内容的选择和设计应以学生喜闻乐见的运动项目为重点,并与学生已有的体育经验和生活经验相联系,激发与培养学生的运动兴趣,调动学生学习的积极性。

(四)适合教学实际条件

教学内容的选择和设计要充分考虑场地与设施条件、季节、气候和安全等具体情况,因时、因地制宜地进行体育与健康教学。

(五)重视健康教育

各校应根据实际情况,充分利用雨雪等天气的上课时间,每学年保证开展一定时数的健康教育内容教学。

六、体育教学内容的特点

体育教学内容的特点表现在以下几个方面。

(一)运动实践性

运动实践性是体育教学内容的最突出的一个特点。这里的运动实践性是指体育教学内容的绝大部分都是以身体练习形式进行的,体育教学内容与体育实践活动密切相连。

(二)娱乐性

如前所述体育教学内容来自各种身体活动,而这些身体活动的绝大部分又是来自于人的娱乐性运动,所以体育教学内容自然包含着运动的娱乐性。

(三)健身性

体育教学内容的学习必然会对身体形成一定的运动负荷,因此在运动量合理的情况下,参加体育教学内容的学习和练习时都会对身体产生锻炼

的作用。可以说,体育教学内容的健身性特点是其他教育内容所不具备的。

(四)人际交流开放性

由于体育教学内容多是以集体活动的形式来进行运动的学习和竞赛,而运动是以位置的变动方式来进行的,在运动学习、练习和比赛中人的交往和交流又是极其频繁的,因此体育教学内容与其他教育内容相比,具有更明显的人际交流的开放性。

(五)空间约定性

体育教学内容还有一个“空间约定性”的特点。这是因为有很多运动是在固定的场地上进行的,甚至是以场地来命名的,如“田径”“沙滩排球”“郊游”等。由于体育教学内容的空间制约性,使得体育教学内容对场地器材具有很大的依赖性,而且使得场地、器材、规则本身也成为体育教学内容的重要组成部分。

此外,体育教学内容还有三个比较明显的特点:一是素材很多,多得不可胜数;二是体育教学内容的内在逻辑性不强,在安排教学内容时无法完全按难易程度和学生的准备条件来排列顺序,它们之间大都是平行并列的关系,如篮球和排球、体操和武术等;三是体育教学内容大都具有“一项多标”(指一个运动项目可以用来达到许多目标,如健美操可以用来进行形体训练,也可以用来发展有氧耐力,还可以用来娱乐、表演等)和“一标多项”(指一种目标可以用多种项目来实现,如为了发展学生的投掷能力,既可以采用投沙包、投垒球,也可以采用推、抛实心球等)的特点。

体育教学内容的上述特性,使我们在选择和编排体育教学内容时,也具有如下特点:随着大量的新兴体育运动项目的涌现与传播,体育教学内容具有较强的“时髦性”和“多变性”,体育教学内容的“花样翻新”较快。各地可以根据体育教学内容“一标多项”的特点,选择不同的内容来实现体育教学目标。

七、体育教学内容的分类

我国体育教学理论和实践中,出现过多种体育教学内容的分类方法,现介绍几种主要的分类方法:

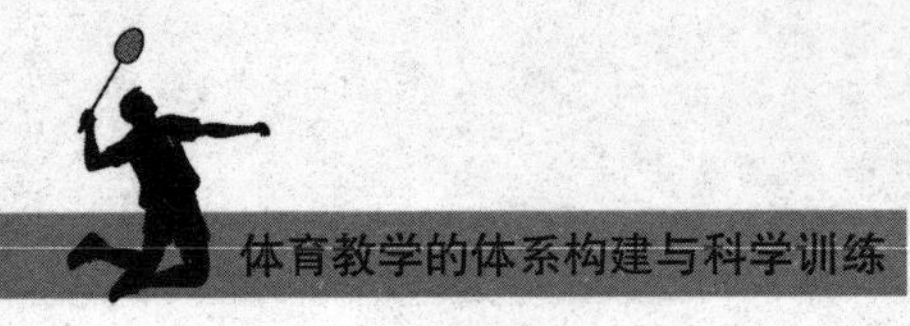

（一）根据人体基本活动能力分类

这是在体育教学实践中比较常见的一种分类方式，它是以人的走、跑、跳、投、攀、爬、钻等动作技能划分体育教学内容的。

（二）根据身体素质分类

这是一种按照力量、速度、耐力、柔韧、协调等身体素质对有关体育教学内容进行分类的方法。这种分类方法有利于实现锻炼身体的目的。

（三）根据运动项目分类

这是体育教学中最常见的教学内容分类方法，它是按照运动项目的名称和内容进行分类的。这种分类方法与社会上进行的竞技运动相一致，在名称和内容上容易理解，有利于竞技运动文化的理解和掌握。

（四）根据项目群分类

《高中体育与健康课程标准》根据课程目标确定课程内容，改变了传统的按照运动项目分类，突出项目群分类方式，将高中体育与健康课程内容划分必修和选修两部分。设置水平五和水平六两级学习水平。共有七个系列，包括球类项目、体操类项目、田径类项目、水上或冰雪类项目、民族民间体育类项目、新兴运动类项目六个技能系列及一个健康教育专题系列。此分类方式扩展了体育教学内容体系，范围更加广泛，如田径类项目远远多于田径项目。

综上所述，对体育教学内容的分类法是多种多样的，这是由于对体育教学内容的理解和采取不同的分类标准而形成的。

第二节　体育教学内容资源的开发与利用

一、体育教学内容资源的开发与利用策略

体育教学内容资源就是体育课程资源的狭义理解。广义的体育课程资

源是指形成体育课程因素的来源与必要而直接的实施条件。根据它的功能特点,可以分为素材性资源(如运动方式、经验和方法等)和条件性资源(如体育场地、器材、人力和物力等根据空间分布的不同,可以分为校内资源和校外资源等。由于划分的标准不同,体育课程资源还可以划分出许多不同的类型,如设施资源、内容资源、自然资源和信息资源等。

随着我国体育课程改革的力度不断加大,体育教学内容资源的重要性日益显现出来。没有体育教学内容资源的大力支持,再好的体育课程改革设想也很难变成实际体育教育成果,因为体育教学内容资源的丰富性和适应性程度决定着《课程标准》的实现范围和水平,它是顺利实施新体育课程的主要保障,是实现学生"身体健康、心理健康与社会适应"等整体健康的基础,是创新编写教材教法的前提。既然体育教学内容资源是如此的重要,那么我们究竟怎样才能更好地开发和利用它们呢?可以从以下三个方面进行。

(一)提高"目标引领内容"的认识水平

"目标引领内容"是《课程标准》的核心理念之一。强调"目标引领内容",没有给体育教师规定具体的教学内容,由于在此方面认识上的模糊不清,从而导致有些体育教师不知道如何按《课程标准》上体育课了,"有标准无内容,我怎么去上课?"是一线体育教师常见的困惑。这是因为以前的大纲几乎统一规定了具体教学内容,所以体育教师不用动脑筋,按照内容去上课就行了。这些大纲都曾经对规范我国体育教学、推进学校体育改革、提高体育教学质量等方面发挥了重要作用。但是,它没有充分体现我国地区之间、城乡之间、学校之间的差异,这也是传统的体育教学大纲存在的弊端之一。

《课程标准》之所以没有规定具体教学内容,而是强调以课程目标引领教学内容,一方面是因为全国各地差异很大,可以利用的课程资源千差万别,不可能统一要求;另一方面是因为这可以为体育教师建立一个发展、创新和展示的舞台。强调"目标引领内容",意思是只要达到课程所要求的标准,我们可以根据各地各校的实际资源情况来选择内容。就好比如果我们

把“去公园”作为我们要到达的目标的话，那么我们就可以根据自己的实际情况而选择不同的方式，我们既可以自己开车去，也可以坐出租车去；既可以乘公交车去，也可以骑车去；或者步行去等，都可以到达，真所谓“条条大道通罗马”。①

由上可见，只有对“目标引领内容”的认识不断提高，才能够使体育课程资源的开发和利用达到有的放矢、事半功倍的效果。

（二）重视发挥体育教师的主力军作用

广大中小学体育教师是课程改革的主力军，同时他们也是最重要的体育课程资源。这是因为，体育教师不仅决定着体育课程资源的鉴别、开发、积累和利用，是体育的素材性资源的重要载体，而且体育教师本身就是体育课程实施的首要的基本条件性资源。

在体育课程资源开发和利用的实践过程中，体育教师要经历对体育课程资源的认识、理解、熟悉和创造性地实施等过程。因此，体育教师的素质状况决定体育课程资源的识别范围、开发与利用的程度以及发挥效益的水平。所以，必须建立健全体育教师的培训和教研制度，加强他们自身的学习，提高他们的综合素质，这也是推动体育课程改革，提高体育教学质量的必由之路。

由此可见，体育教师具有极大的智慧潜能，是一个亟待开发的巨大资源宝库。体育课程资源的开发和利用必须依靠广大中小学体育教师，依靠他们的创造性教学实践，依靠他们的绝对性主力作用。

（三）积极拓展体育课程资源开发和利用途径

为了能够进一步地开发和利用体育课程资源，除了上述的提高对体育课程标准的认识和发挥体育教师的作用以外，还可以从以下几个方面来拓展体育课程资源开发和利用的途径。

1.审查学生在日常活动中以及在达到课程目标的过程中能够从中获益的各种体育课程资源，包括开发和利用的实施条件等。例如，可以通过观察

---

① 焦延歌等：《体育教学理论与实践研究》，中国言实出版社 2017 年版。

学生在课间和课外所做的各种运动游戏,结合课程目标进行适当的改造,就可以运用到体育课堂上来。这些游戏都是学生喜闻乐见、自编自创的,所以非常易于激发他们的体育运动兴趣和提高运动参与的积极性。

2.鉴别和利用校外体育课程资源,包括自然环境、各种社会体育场馆设施等。自然资源如郊游、登山和攀岩等。但是,在此类课程资源开发和利用的过程中,要高度重视安全问题。

3.建立学校体育课程资源交流平台,以拓宽校内外课程资源及其成果的分享渠道,提高使用效率。课程资源的开发具有原创性等特点,因此,各兄弟学校可以通过互相交流、互相借鉴,以达到资源共享的目的。

此外,在具体的开发过程中,还可以尝试一物多用,通过因地就简、因地制宜、自制器材,对现有运动项目进行改造,引进新项目(如民族民间的、学生又十分喜欢的运动项目等途径来拓展体育课程资源。

二、体育教学内容资源开发与利用回顾

基础教育体育课程改革以来,体育教学内容资源由于实现了由封闭向开放转变,明显地提高了体育教学的效果。为了促进新体育课程改革深入发展,有必要结合专家、学者和一线体育教师们的观点和案例,对体育教学内容资源的开发与利用情况进行回顾。

(一)专家和一线教师们的反映

体育教学内容资源的开发与利用虽然是体育课程改革中的一个新课题,但是实践效果还是非常明显的。有关调查结果显示:大多数体育教师都认为《课程标准》中关于体育教学内容资源的开发与利用的建议是可行的,实践效果也是显著的。有74%的体育教师认为体育教学内容资源开发有利于他们课程意识和专业能力的提高,80%的体育教师认为他们能胜任这一任务,20%的体育教师基本胜任。这充分说明了,通过体育教学内容资源开发与利用,有效地提高了体育教师的开发能力和信心,在教学思想认识上、课程意识和实践能力等方面都有了明显改善,这必将有效提高课堂教学效果。该调查研究进一步表明,体育教学内容资源开发对学生的影响主要表现在

运动乐趣的体验,团结协作精神的培养,自我锻炼能力的培养及体质健康状况的改善等。其结果充分体现了《课程标准》的理念,这说明加强体育教学内部资源的开发和利用不仅有助于实现《课程标准》所确立的课程目标,而且也有利于丰富体育教学方法,提高体育教学效果,它们是相辅相成的,共同推动了基础教育学校体育的发展。

相关实验表明,体育教学内容资源的开发和利用对学生体育学习兴趣与运动愉快感有影响。只要合理开发和利用体育教学内容资源,就能够对学生的体育学习兴趣产生积极影响,能够增进其运动愉快感。实验共选取了全国若干省份的 198 个中小学共 8432 名学生作为研究对象,实验结果显示,体育教学内容资源的开发和利用对于改进学生的体育学习态度、情意表现和合作精神、健康意识和行为等都具有显著的积极作用,有效地提高了学生的体育学习效果。

运用访谈法等方法对体育教学内容资源进行了研究,研究结果表明:体育教学内容资源的开发与利用对发挥体育教学内容资源应有的教育优势具有显著作用。不仅有利于转变学生的体育学习方式,也有利于促进学生有个性的全面发展,从而能够有效提高体育教学质量。

上述调查和实验结果表明,体育教学内容资源的开发和利用通过提高体育教师们的课程意识和专业能力,从而丰富了体育教学方法,提高了体育教学能力,并最终提高了体育教学效果,促进了学生们的身心健康发展。

(二)来自案例中的反映

体育课程改革之初,由于对《课程标准》的理解不够,导致部分体育教师对体育教学内容资源的开发和利用存在困惑。例如,北京市东城区的一位体育教师曾经说:“实行新的课程标准以来,自己曾经一度不知道体育课该怎么上。”新标准不同于以前的教学大纲,只规定了课程目标,并不规定具体教学内容,教师的发挥空间很大,但是他由于以前习惯了按教材大纲上课,一时间不知该如何是好。后来在多方面的努力下,他对《课程标准》的理解越来越深刻,对体育教学内容资源的开发和利用能力也越来越强。

后来参加了全国中小学体育教学观摩展示活动,看到了来自全国的 30

堂演示课,很多教师像他一样,在开阔了眼界的同时,也学习了同行的经验,明确了课程改革的重点和方向,理解了课程资源开发的要点和技巧,更加坚定了改革的信心和决心。参加此次观摩活动的体育课突出了体育教学内容资源的开发和利用,提高了学生在课程学习中的主体地位,重视组织教法的创新,激发学生体育学习的兴趣,尊重学生的个体差异。注意创建生动活泼的教学氛围与民主和谐的师生关系,特别是小学参评课,能够紧密结合教师自己开发的内容资源进行创新性教学设计,比较重视运用情境教学、快乐教学、主题教学、体育游戏、情感分组、激励性评价、师生互动、合作讨论等多种多样的方法和手段来营造生动活泼的教学氛围,使学生受到熏陶、感染和激励,愉快地进行学习和锻炼。例如上海一所小学的体育课,在整节课结束之前的放松阶段,教师运用了音乐冥想的方式,教师以诗性的语言将学生带到一个意识中的纯净世界,达到身心的放松。这种方式超越了传统体育课的内容,融合了跨学科的知识,科学地开发了体育教学内容资源。

值得一提的是,有这样的一节体育课也参加了展示,并且还获得了特等奖!这位体育教师的体育课内容是短式网球教学。在以往的教学大纲中,短式网球不是小学体育课的教学内容,但它很有趣味性,深受学生喜爱,该老师将这个运动项目引进课堂,让学生在快乐的情绪中学习一种运动技能。参与演示课的是当地的学生,从来没有接触过短式网球,该老师也不熟悉他们,但通过丰富的课程内容和精彩的组织教学,很快就调动了学生的情绪和兴趣,达到了师生互动的良好效果,只一节课学生们就基本掌握了垫球和拍球技术,完成了这节课的学习目标。对此,该老师的收获是:无论什么体育教学内容资源,只要能够促进目标实现,教学方法得当,多考虑学生的兴趣,从学生的角度出发,就可以上好体育课,提高体育教学效果。

其他案例还有许多,如老师甲在进行农村学校体育教学内容资源的开发与利用研究时,发现麻阳民族中学把本民族(苗族)的乡土体育项目引入学校中进行教学,并筛选出一些如“蹴球”“打陀螺”“射弩”“秋千”“押加”“抢花炮”等项目,作为课程资源进行了开发。这极大地丰富了体育教学内容,培养了学生对体育锻炼的兴趣,提高了学生对体育锻炼的参与程度,达到了促进全体学生参与体育锻炼的目标,并使学生的身体素质、心理素质都

得到显著增强。该校培养的学生多次代表麻阳苗族自治县、市、湖南省参加全国少数民族运动会并取得了喜人的成果。探索出了农村学校体育教学内容资源与体育教学新方法的有效结合并适合自身发展的道路。

老师乙将维吾尔族“麦西来甫-木卡姆”这一新疆舞融入现代健美操课程教学,丰富了体育教学内容,提高了学生身体协调性,培养了学生接受新知识的能力和创编能力,还有效地改善了学生的强迫症状、人际关系敏感、焦虑、抑郁、敌对等心理健康症状,促进了学生参与组织管理、创新,学会沟通等,提高了学生们的体育学习兴趣和健康素质,提升了学生对少数民族传统体育文化的理解力,提高了健美操课程教学效果和质量等。因此,要把民族民间体育活动作为一门课程加以开发并合理利用,纳入体育教学内容,尤其是少数民族地区更应该根据自己的区域优势,挖掘民族民间体育教学内容资源,这样不仅能够培养民族自豪感和民族自尊心,强化民族自我认同感和社会认同感,而且还能够让更多的年青一代积极投身于民族体育文化的挖掘、整理、传承与创新工作等。

在发挥体育器材的多种功能上,教师丙对某县体育教师进行了调查研究,结果显示,该县体育教师们都十分重视体育器材的一物多用。例如,在课堂教学中,发挥一种器材的2~3种功能的教师为56.7%,发挥一种器材4种功能及以上的教师为43.3%,这些器材集中为跳绳、羽毛球、小皮球、呼啦圈、橡皮筋、折垫等。另外,有92%以上的体育教师对现有运动项目分别做过内容修改、规则简化、降低难度要求、场地器材改造等,以此来调动学生学体育的积极性。该县体育教师充分发挥了体育器材的多种功能,通过多种方式开发并利用体育教学内容资源,不仅有效地解决了学校体育器材不足的问题,而且还有效地增强了体育教学的效果。

实际上,在我国农村,尤其是经济欠发达的农村,由于条件的制约,学校体育场地、器材、师资以及教材等现有的资源严重不足,导致体育教学难以达到现想的效果。随着我国基础教育体育课程改革的全面铺开,给各地方、各学校在教材选择上有了更大的自主权。因此,各农村基层学校完全可以从当地流行的,既符合本校办学条件,又顺应当地人文特征的民族、民俗和民间活动中挖掘并开发体育教学内容资源,以便在现有的经济发展水平上,

不受或少受场地、器材和师资等条件的制约，积极开展体育教学工作，从而提高体育教学质量。

一项调查结果显：在福建厦门，体育教学内容资源的开发与利用建议有效地拓展体育教师的教学空间，促进人力资源的利用和体育设施的改造与创新。在辽宁大连的实验中，许多教师在体育教学内容资源的开发上尝到了甜头，利用学校原有的资源及教师和学生的智慧，创造、发明、改造了许多器材和教学方法，较好地为体育教育教学服务，提高了体育教学效果。

《中国教育报》上的一篇论文对众多案例进行了归纳和总结。文中指出：体育与健康课程非常重视利用和开发多种体育教学内容资源。第一，在人力资源的利用与开发方面，体育与健康课程重视在发挥体育教师的重要作用外，还要注意发挥班主任、有体育特长的教师、卫生保健医生和校医的作用，指导和组织学生进行体育与健康活动。此外，还要发挥有体育特长学生的作用，例如请他们示范、辅导等。在校外，还可利用与开发社会体育指导员、社区医生和家长等人力资源，请他们辅导、督促和帮助学生进行体育与健康活动。第二，在体育设施资源的利用和开发方面，强调发挥体育器材的多种功能，如栏架可以用来跨栏，也可以用作球门等，并重视合理布局、使用和改造学校原有的场地器材，如降低篮球架、排球网的高度，以提高学生体育学习和活动的成就感和愉快感。第三，在课程内容资源的利用与开发方面，强调要根据高中学生的身心发展特征加强对竞技化过强的运动项目进行改造，通过简化规则、简化技战术、降低难度要求等手段开发出新的课程内容。同时，重视将新兴运动项目和民族民间体育项目引入体育课堂的教学，以丰富教学内容。第四，在课外和校外体育与健康课程资源的利用方面，体育与健康课程强调要学生积极参与诸如课前、课间的体育活动、家庭和社会的体育活动以及校外的健康教育活动，如参加健康咨询活动等。第五，要充分利用当地的自然地理环境，让学生走出校门进行体育学习和活动，如春季可以开展登山、越野跑，利用森林或山地进行定向运动、登山运动等，以增加学生了解自然、接触自然的机会，培养学生适应自然的能力。最后，在体育与健康信息资源的利用和开发方面，注意指导学生充分利用图书馆、阅览室和各种媒体(如广播、电视、网络等)获得体育与健康的信息，使学

生能不断获得新的知识和方法。

上述诸多案例及其分析从另外一个角度表明,课程改革以来,体育教学内容资源的开发与利用提高了体育教学的效果。

充分利用一切可利用的教育资源,让体育课走出学校运动场,与学生的课余活动、家庭和社区生活结合起来,是现代体育课程发展的必然要求。在体育教学内容的选择上要发挥体育教师的主动性,由原来的竞技化、成人化向生活化、娱乐化、实用化方向转变。这种新的体育课程观不仅有利于大家开阔眼界,丰富了体育教学的内容,加速了体育课程改革的进程,而且还提高了体育教学效果。

三、体育教学内容资源开发与利用案例

“打燕棒”是我国西部农村、部落中一种孩童们十分喜爱的、有趣的体育项目。村落里的孩童们经常在学校放学、野外放牛或休闲无事时聚集在村落里院子的空地上、晒谷坪场地上及放牛时野外的空地草坪上进行这种游戏。

活动工具:两根木制的脚趾头和拇指头大小的光滑直棒,一大一小、一长一短;大的木棒长 30~40 厘米,称为“公棒”或“主棒”,小的木棒长 20~30 厘米,称为“娘棒”或“配棒”;两块大小、高矮差不多的石头,称为“燕台”。

方法及步骤:(1)比赛前,先找两块大小、高矮差不多的石头,放在平地上,两石头之间空出一手距离,然后把配棒放在石头燕台上面看它是否平行。在两块石头前后画上前、后两个门区。(2)比赛时,一人先拿一根配棒摆在石头上,然后将主棒用双手斜拿于胸前下方,置于两石头中间,配棒的下方。用眼睛瞄一瞄主棒是否摆在两块石头中间,然后用双手握主棒把配棒敲起来,接着把主棒横放在石头上。如果对方在离前门几米远的地方能够接住从空中飞来的配棒,你就输了。没有接住配棒,并且对方用配棒没有打倒横摆在石头上的主棒,你就赢了。(3)一个人站在石头旁边,用一只手拿着主棒和配棒,先用主棒击打配棒,然后对方用配棒回击主棒,如果主棒回击配棒成功,配棒离燕台具有一定距离可以用主棒测量,接着进入下一环节。(4)一个人手拿配棒摆到燕台旁边的一块小石头上,那石头就当着“叩

脑”,然后用主棒打配棒,最后测量棒数,谁的棒数多谁就赢了,输了的人就要背这块石头,输几棒就背几圈。

此案例经过实证研究后,研究者发出感言:当在课堂上开发和利用该项目时,班上的同学们都很喜欢这个运动项目,表现出了极大的热情,不管是男生还是女生都跃跃欲试,非常积极地参加该项目。

可见,这一乡土体育项目既得到了改进又保持了原有村落民俗乡土体育项目运动的特征,同时丰富了体育课堂的内容资源,极大地提高了学生的体育兴趣和课堂练习的积极性,为顺利完成体育课堂学习目标任务奠定了基础。

其他类似的案例还有许多,例如,某老师在开放和利用小学体育教学内容资源的过程中,积累了丰富的经验,主要渠道有:从学生课外热衷的体育运动项目中生成,从课堂预设中生成,从课堂意外中生成,创设了许多精彩的案例。例如,让学生用学过的小碎步创编手上动作,结果学生创设出杨柳腰、开飞机等精彩动作。或让学生分组,自主借助牛奶箱进行单脚起跳、双脚落地的跳跃练习。学生通过改变牛奶箱的多种拼接方法,进行了有差异性的练习。又如,在学生自由玩纸箱练习中,看到学生把纸箱当足球踢,把踢掉的纸片当飞碟,都成了课堂教学的重要资源。再如,一节玩体操棒的课上,听到同学说是不是抢体操棒啊,让该老师立刻有了创编不倒翁游戏的想法等。

实际上,在体育教学设计中,体育教师们还可以大胆地在传统教学的器材上做出突破和创新。在器材的选择上注意就地取材、一物多用,以此来丰富体育活动内容。同时也注意到废旧物品的利用,如旧轮胎、废篮球、旧报纸、空酸奶盒等等。这在环保意识日趋强烈的今天乃至资源日益匮乏的将来都具有积极的意义。

第三章
体育教学模式

有关体育教学模式概念的专门探讨起步较晚,20 世纪 80 年代以后才有较少的人涉及。我国开展体育教学模式的研究也只有几十年的时间,但已形成了“百花齐放”的局面。体育教学模式无论在理念方面的研究还是实践方面的研究,都取得了一定的成绩,极大地推动了学校体育教学改革的深入。

第一节　多元化融合教学模式

一、体育教学模式概念的界定

体育教学模式从属于教学模式,是一种特殊的、开放性的教学模式,是体育教学理论和体育教学实践的中介,它既是理论的应用,又是实践的概括。体育教学模式实质上是一种成熟和稳定的体育教学过程结构以及相应方法的结合体,而体育教学过程结构的形成反映着某种教学过程的基本规律的特征。教学模式反映了清晰的教学思想。

教学模式概念中的属概念有几种情况,包括教学理念、教学指导思想和

理论基础、教学目标、教学方法体系、操作程序、教学条件，还有就是评价体系。其中教学指导思想、教学过程结构（教学程序）和相应的教法体系则是教学模式的三个基本要素。

体育教学模式的概念可以简单概括为：是指在一定的体育教学思想和体育教学目标的指导下，运用有效的体育教学方法体系，形成相对稳定的教学程序。

二、体育教学模式的多元化融合

21世纪将是知识经济主宰整个世界的世纪，科技与教育将成为一个国家、社会发展的根本推动力。教育必须培养出高水平、高素质全面发展的人才，这样的人才不仅要掌握先进的科学文化知识，更要具有健康的人格、高尚的品德、高度的责任感和积极的人生态度，这正指明了我国教育的重点内容是科学教育、人文教育、健康教育。学校体育教学改革作为学校教育改革的一个重要组成部分，在其教学改革的过程中也无不体现和渗透着与科学、人文、健康教育的融合，体育教学模式的创新与改革是体育教学改革的重点，体育教学模式的改革历程充分体现了体育教学模式与科学、人文、健康教育的融合。

（一）体育教学模式与科学教育相融合

现代科学技术的发展日新月异。科学技术是第一生产力，也是现代人生活的重要主导力量。在现代科学迅猛发展和应用日益扩大的今天，越来越多的人逐渐形成一种科学的思维和观念，体现在体育上就是保持科学精神，对体育、体育教学的发展与改革进行科学的认识，用科学的思维和态度对待体育、体育教学的变化。实事求是也是体育教学改革的基本原则，所以在构建体育教学模式时也需要一切从实际出发，遵循客观规律。

从我国的国情来看，体育与科学教育、科学精神的融通经过了一个较长的过程。半个多世纪以来，我国体育事业已经取得了骄人的成绩，并在国际体坛引起震撼，这是党的领导，正确的体育方针、政策与体育改革，同体育的科学指导分不开的。特别是在粉碎“四人帮”以后，倡导体育的科学发展，加

快体育科研步伐成为一项迫切的任务。1978 年的全国体育工作会议提出“大打体育科研之仗”和“体育要大上快上,科研必须先行”的意见,引起了体育界的共鸣。同年,国家体委下发了《关于加强体育科学技术工作的意见》,对新形势下的体育科技工作进行了全面部署。1980 年正式成立了全国性的体育学术团体——中国体育科学学会。在 80 年代的体育改革中,国家体育还提出“以革命化为灵魂,以社会化和科学化为两翼,实现体育腾飞”的方针,以及全民健身战略和竞技体育战略“在实践中协调发展”的观点。90 年代,国家体育总局进一步提出“科技兴体”的指导思想。

在体育教学中,教师能够根据学生的生理、心理活动规律,运用运动解剖学、运动心理学、运动生理学、运动医学等相关学科的科学知识,根据学生的社会适应能力来选择适合发展学生各方面能力的体育教学模式。在使用该教学模式时能够根据实际的教学条件,针对不同的教学对象,因人而异、因地而异、因时而异地选择教学方法体系,也充分体现了体育教学模式与科学教育的融合。

(二)体育教学模式与人文教育相融合

对于“人文”内涵的理解,东西方存在着一定的差异。西方的“人文”起源于意大利文艺复兴时期,其核心思想是人文主义。它强调以“人”为中心,反对以“神”为中心;提倡“人性”,反对“神性”;提倡“人权”,反对“神权”;提倡科学和理性,反对愚昧主义和神秘主义。究其本质是为了摆脱宗教神学枷锁对人的束缚,提倡个性的自由和平等,反对神权和专制主义。西方的人文主义强调的是人有独立于上帝或自然之外的价值,而中国的人文主义从一开始就建立在人和自然的和谐之上。但是无论在西方,还是在中国,在“人文”的观念上,却也存在着相通之处,那就是“人文”一词都包含着两个层面的意思:一个是“人”的层面,另一个是“文”的层面。前者是关于理想的“人”、理想的“人性”的观念;后者是为了培养这种理想的人或人性所设置的学科和课程。在探讨有关“人文”的问题时,人们可能对其“人”的方面和“文”的方面有不同的侧重,当作为“文”的方面、文科课程的方面得到更多的强调的时候,人文被等同于人文学科和人文教育,特别是文、史、哲教育。但

是,无论是西方还是中国,作为人文的第一方面的“人”的理念向来是更重要的、更基本的方面。而恰恰是为了强调这个更重要的方面,才出现了“人文精神”的说法。

所谓人文精神,“应当是整个人类文化所体现的最根本的精神,或者说是整个人类文化生活的内在灵魂。它以追求真、善、美等崇高的价值理想为核心,以人的自由和全面发展为终极目的”。

中国的人文精神,一开始就孕育在礼乐教化之中。“人文”一词最早出现于《周易·贲卦·彖辞》:“刚柔交错,天文也;文明以止,人文也。观乎天文以察时变,观乎人文以化成天下。”其中的“人文”,喻指人事条理,而“化”则有教化、风化之含义,显露出人伦至上、道德经世观念的端倪。而孔子将道德教化进一步提升,强调社会要有秩序,强调人群之间要和谐,强调个人要有道德修养。这便是中国的人文精神之源。张岂之先生在《中华人文精神》一书中,把中华人文精神概括为刚柔相济(穷本探源的辩证精神)、究天人之际(天人关系的艰苦探索精神)、厚德载物(人格养成的道德人文精神)、和而不同(博采众家之长的文化会通精神)、经世致用(以天下为己任的责任精神)。正是这些中华民族传统文化中的精髓哺育了一代代炎黄子孙延续着华夏的文明之光,传承着世界上唯一不曾中断的古老文明的火种。

追溯中华民族的文化发展历程,我们可以看出:虽然中华民族有着源远流长的人文传统,但却自古以来缺乏对科学的足够重视。正如曾任北京大学校长的蔡元培先生所言,在中国,我们的教育至少2000年来没有面向更高的科学教育,而只重人文、道德,“是用完美的品质去塑造人,赋予他一种文学素养而已”。这就显现出了一个几千年来一直存在的教育问题——偏重人文(缺乏与科学教育、健康教育有机融合)的教育。

伴随着西方文化的东逝,国人越来越清晰地认识到了这一问题。20世纪初,民主与科学这个“浓缩而又浓缩”的西方文明结晶,被中国先进知识分子作为救亡图存的武器广泛传播着。尤其是科学在此时期受到极大关注,由于中国长期以来积贫积弱,导致人们对科学信仰的过热,终于由对科学的追求演化为对科学的崇拜。这种为救亡图存而演化成的科学崇拜给我们带来了另一个弊端——偏重科学——那就是我们离中国传统的人文精神越来

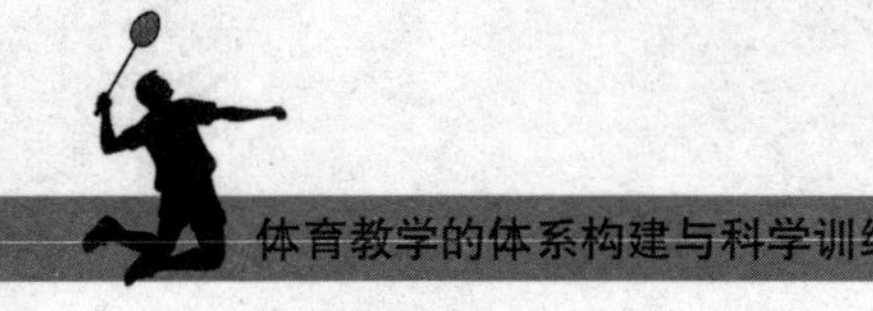

越远，取而代之的是“唯科学主义”思潮的张扬。

经历“五四”新文化运动的洗礼，中国的传统大学相继完成了现代性转换，确立了学术自由、思想独立之类的西方教育文化的基本价值。但是，由于社会现实环境所迫（如抗日救亡运动的需要等），当时的国民政府采取了限制文科、鼓励实科发展的倾斜政策，以培养实用的专业人才。从而引发了20世纪40年代知识界的“文实之争”“通才教育”与“专才教育”之争。中华人民共和国成立之后，以迅速实现工业化、赶超发达国家为目标，在全面学习苏联模式影响下的中国高等教育，从20世纪50年代初就奠定了以工程技术、专门教育为主，即“重理轻文”的格局。这种格局和思想观念一直延续到今天仍然有很大的影响力，“学好数、理、化，走遍天下都不怕”的思想至今仍然左右着一些人的观念。

20世纪80年代以来，应试教育的迅速发展，造成了中小学教育的严重畸变。可以说，已经达到相当完备阶段的应试教育是在中国盛行1300余年的科举教育的现代翻版。在大力提倡素质教育而应试教育的惯性还远没有结束的今天，要想弥补由应试教育造成的教育人文性的流失，现代高等教育就势必要大力提倡人文教育。但现在我们所提倡的人文教育再也不能像20世纪初胡适先生所主张的所谓“矫枉必须过正，不过正不能矫枉”的文化激进主张，而是要将人文教育与科学教育有机地融合起来。如何将中华民族的人文传统进一步发扬光大，并与中国的教育实际相结合，则是当代教育工作者应当责无旁贷地承担和探索的课题。

众所周知，教育肩负着传承文化的历史重任，教育工作者的使命是在传授科学文化知识的同时，塑造一个完整意义上的“人”。因此，“教育的根本目的是要把个体的人培养成能自由和全面发展的，能充分发挥其优势和潜能的社会的人”。正如杨叔子院士所说，从事高等教育的大学（或学院），其“主旋律是‘育人’，而非‘制器’，是培养高级人才，而非制造高档机器”。然而中华人民共和国成立后，在全面学习苏联模式的方针指引下，我国的高等教育恰恰就出现了忽略人文关怀、忽视人的全面、和谐发展的现象，以至于形成了类似“制器”的培养模式，教训不能说不惨痛。

大量类似事例说明，我国的学校教育（当然也包括家庭教育，但却不在

本文探讨的范畴之内)出现了严重的弊端——缺少人文精神关怀的要素。在我国的高等教育领域,尤其在其专业划分越来越细的今天,教育者除了要向受教育者对专业知识“传道、受(授)业、解惑”(韩愈《师说》)外,则更要侧重于培养全面发展的“人”。正如爱因斯坦在半个多世纪以前为《纽约时报》撰文所说,仅仅用专业知识教育人是不够的。通过专业教育,他可以成为一种有用的机器,但是不能成为一个和谐发展的人。要使学生对价值有所理解并且产生热烈的情感,那是最基本的。我国哲学大师冯友兰先生也提出了相类似的观点。1948 年 6 月,一贯倡导“通识教育”的哲学大师冯友兰先生在清华大学发表了题为《论大学教育》的演说。在演说中他强调,大学教育的目的是为了培养“人”,而不是要把人训练成工具或机器。

作为学校教育的一个重要组成部分——学校体育,为了摆脱单调而枯燥的传统体育教学训练对增强学生体质的暂时作用,正在进行改革与创新,与其他形式教育一样,与时俱进,不断创新,与国内外的先进教育理念和教育思想保持着一致性。从体育教学模式自身的发展来看,先后出现了发现式体育教学模式、启发式体育教学模式、探究式体育教学模式、快乐体育教学模式、成功体育教学模式及俱乐部式体育教学模式等,从这些模式的教学目标上我们不难看出,体育教学模式的发展趋势:越来越重视学生主体性,强调学生的自觉能动性、创新性,强调对学生兴趣、爱好、体育意识的培养,强调学生在体育教学过程中的情感体验。人文教育是培养全面发展人才的根本出发点。从现代高校教学改革及其组成部分之一的体育教学改革发展趋势来看,体育教学模式改革与创新体现着人文教育的内涵。

(三)体育教学模式与健康教育相融合

健康教育是目前被国内外广泛引用的名词,作为一种有组织、有目的、有评价的教育活动,主要通过传授与日常生活有关的健康知识,树立正确的健康观念和培养规范化的健康行为,使人们能自觉参与改善环境卫生条件,帮助开展社区健康活动,从而达到建立健康生活方式的目的。“健康”的英文 Health 源于公元 1000 年英国盎格鲁萨克逊族(Anglo-Saxons)的词汇,其主要的含义是安全的、完美的、结实的。1948 年,世界卫生组织(WHO)给健

康下的定义为:健康“不仅仅是没有疾病和衰弱状态,而是一种在身体上、精神上和社会上的完好状态”。这就突出了将人的生理、心理和社会三个侧面有机融合起来,形成了健康的三维立体概念,即三维健康观。1989年,世界卫生组织又提出了健康的四个标准,即“身体健康、心理健康、道德健康、社会适应良好”。这就更加明确了健康的内涵,也从根本上否定了那种认为“无病、无伤、不虚弱就是健康”的原始健康观。

高等院校的体育教学对培养我国未来的建设者和接班人有着不可估量的作用,高等院校的体育教育改革只有与健康教育相融合才能培养出适应社会发展需要的各种人才,才能胜任未来社会给予的挑战,才能抵住高速发展的社会给予的心理、生理等多方面的压力。那么体育教学模式改革作为体育教学改革中的重要部分与健康教育相融合也就显得有理可依了。

处在新时代的中国教育,要以史为鉴,再也不能用“矫枉必须过正”的观念左右人们的思想,而是要将科学教育、人文教育、健康教育有机地融合起来,使三者协调发展,为培养真正完整意义上的“人”服务。恰如1948年梁思成先生所发出的“走出半个人的时代”的呼吁,当代教育要竭力避免使学生成为“只懂技术而灵魂苍白的空心人和不懂科技奢谈人文的边缘人”。而关于人文与科学的关系,中科院院士杨叔子教授总结得非常精辟:科学是立世之基,人文是为人之本。没有科技,就会落后,一打就垮,受人宰割;没有人文,就会异化,不打自垮,甘为人奴。健康是人们发展科学、崇尚人文的基本。没有科学的人文是残缺的人文,人文中有科学的基础与珍璞;没有人文的科学是残缺的科学,科学中有人文的内涵与精神。然而,没有健康教育的科学教育和人文教育都是虚设的。

因此说,科学教育、人文教育、健康教育是不可分割的一个整体的三个方面,我们不能重视一个方面而忽视或抛弃其他两个方面,或只重视其中的两个方面而忽视另一个方面。历史的教训告诫我们,单纯地强调某一个方面而忽视其他方面都是一种极端,或人文极端或科学极端或健康极端。这方面的教训是惨痛的。

令人欣慰的是,我们国家已经意识到了教育领域尤其是高等教育领域存在的问题和弊端,于20世纪90年代已经开始着手进行了大跨步的教育改

革，并已经取得了显著成效。世纪之交，我国的教育改革更是进行得如火如荼。自1999年国家发布《中共中央国务院关于深化教育改革全面推进素质教育的决定》以来，以"素质教育"为核心的研究及教学改革成果层出不穷。而"实施素质教育，提高学生的思想道德素质、文化素质、业务素质、身体心理素质，即要真正提高学生的全面素质，特别是要提高学生的文化素质，推进科学教育、人文教育和健康教育的融合是其根本的措施……科学教育、人文教育和健康教育的融合是一个重大的教育思想、教育理念，也是一个重大的教育理论问题……对于我国21世纪的高等教育是一个重大的课题，是我国在新世纪建设先进德育思想的重要内容之一"。

三、构建多元化融合的体育教学模式

（一）确立新的教育理念

从体育教学改革的不断深入，到现今普通高校体育教学的日益成熟，体育教学模式通过不断的创新，一直关注着体育教学的改革与发展，并以其特殊的教育手段与教育方式，达到特殊的教育目的，在不断的发展、变化和改革进程中，体育教学模式在承载了传统的科学、技术、技能教育的基础上，正吸纳着现代体育教学的人文思想和教育理念。而置身于普通高等院校的体育教学模式更应确立有其自身特色的继承传统、顺应时代发展潮流的现代学科教育理念。

1.现代体育教学模式的发展应体现多元化教育思想的内涵

随着体育教学改革的深入，体育教学模式的创新还将继续，由体育教学模式的概念来看，体育教学模式的创新与构建应遵循以下几个原则：1.必须具备体育教学模式的四个基本条件：明确的教学指导思想、单元教学计划、操作程序、与之配套的体育教学方法。2.在理念体系上要相当成熟。3.应遵循体育教学模式的分类规律。4.在体育教学中应有相当的实践基础，并收到了较明显的效果。但并不是说体育教学模式的发展就受到了限制，反而从近年的体育教学改革情况来看，体育教学模式的创新呈良好的态势发展。

在体育教学模式中体现人文教育的方面主要体现在重视开发学生的

认知能力,如“探索式教学模式”或“发现式学习模式”或“启发式教学模式”。在这些模式中,设置了挑战性的问题情境,使教学内容富有新奇、趣味等特征,以激发学生求知的内驱力。教师也往往不将现成的答案直接传授给学生,而是让学生通过向科学家一样的发现新知,深入到知识、技术、技能的形成过程中,从而来培养和发展学生在体育活动中特有的智能,并提高学生在学习中的兴趣和效率。重视学生情感的投入,比如“快乐式体育教学模式”就注意到学生在体育活动中的情绪体验,并激发学生学习积极性、主动性,以保证学生以最佳的情感投入到学习和活动状态中;再如“成功体育教学模式”,重视了教学过程的过程评价与单元教学结束时的单元评价相结合,要求人人在“相对的标准”中掌握各自的教学目标,把学习的成功带给全体学生,通过这些种种的教师绝对权威形象的改变,进而注重学生的学习主体性、主动性、积极性、体验性。重视体育文化的传承,即在进行体育教学的同时,配以某一项目的历史起源、发展变化、其中的著名体育人物以及该项目的体育规则。重视对学生进行体育道德的培养,通过现代的多媒体体育教学模式,向学生展示国内外重大的比赛,在比赛中了解运动员拼搏进取的体育精神,裁判无私的公平态度,了解比赛项目的规则、裁判方法以及场地的布置等方面。这些变化说明了学生的人文情怀得到了进一步关怀,情感因素已不断融进教学过程之中,为培养全面发展的人提供了精神上的准备。

科学、技术、技能教育在体育教学模式发展中得到体现。教育是为培养人而服务的,但是教育的对象或被培养的人并不是一开始就具备某种技术、技能,为使受教育者在未来社会占有一席之地,在未来社会激烈的竞争中保持健康强壮的身体和一技之长。体育教学模式从一开始就体现了对学生进行科学、技术、技能的教育。在体育教学中传授科学的锻炼方法,正确的动作技术,用各种教学方法使学生掌握一定项目的技能。如“传统运动技能教学模式”就是要通过运动技术的学习,达到掌握运动技能的目的。在这种教学模式过程中,教师通过向学生传授动作技术的特征及其规律,充分发挥学生机能的能力,合理有效地完成动作,并通过分段学习和细化学习,使学生初步学习运动技能,并使运动技能的掌握达到自动化的程

度。再如“领会式体育教学模式”是指在尝试中了解与明白学习运动技术的重要性,在完整示范后再分解教学,在掌握各分解动作的基础上再进行完整,或以开展竞赛的形式进行教学,目的就是使学生能够掌握技术、技能。

“健康不仅是身体没有疾病和不虚弱,而且是在身体、心理和社会各方面都保持完美的状态。”这是世界卫生组织对“健康”提出明确而全面的定义。1996 年 6 月颁布的《中共中央国务院关于深化教育改革全面推进素质教育的决定》指出:“健康体魄是青少年为祖国和人民服务的基本前提,是中华民族旺盛生命力的体现。”学校体育要进行体育教学的改革,其中体育教学模式也在原来重视对学生体能的练习、掌握动作技术、技能的基础上,对学生进行生理、心理及体育卫生知识教育。如“小群体式体育教学模式”,这种模式对个人心理意识、理想的形成,情感的获取都起了决定作用,它强调团结一致的团队精神,组内合作意识,培养学生胜不骄、败不馁的宽容意识,通过学生的互相帮助,合理公平的竞争,发展学生的心理健康水平和良好的社会适应能力。

时代不同,体育教学模式也在不断创新与变革,而最终体育教学模式的教育理念也随着时代的发展而不断变化。普通高等院校体育教学模式的教育理念也必将与人文教育、科学教育、健康教育融为一体。

2.确立高校体育教学新模式的教育理念

从早期的体育教学改革到 21 世纪体育教学模式不断创新的今天,我们不难看出,体育教学模式在不同时期都以其不同的模式出现,并以其特殊的表现形式来表达体育教学的教育理念与思想,都是被作为一种教育程序或是一种教育方法体系运用到培养全面发展的人的过程当中。那么作为体育教学中一个重要组成部分的体育教学模式必然要分担体育教学的传统教育理念,并与中国文化相融合,为培养全面发展的人服务,同时要突出体育教学的功能——教育性,而不能单纯地侧重以培养“生物人”为目标去培养竞技夺标的所谓的运动精英。

高等院校培养的毕业生将作为国家栋梁充实到社会各个岗位,对社会的发展与建设起着决定性作用。因此,与科学、人文、健康教育相融合的体

育教学新模式要本着科学、技术、技能的专项教育与人文教育、健康教育相结合的原则,有针对性地开展体育教学活动,培养“具有体育道德精神、掌握专项技术与技能、掌握科学的锻炼方法和竞赛规则、掌握体育保健与卫生知识,具有创新精神、实践能力和较强的社会适应能力”的综合型人才,并相应地融合“运动参与、运动技能、身体健康、心理健康、社会适应”等培养目标,充分体现出“培养全面发展的人”的教育理念。

《中共中央国务院关于深化教育改革全面推进素质教育的决定》中明确要求高等教育要“普遍提高大学生的人文素养和科学素质”,这就为我国的高等教育设定了明确的培养目标,即无论什么专业都要以“普遍提出大学生的人文素养与科学素质”服务。那么作为大学教育的一个重要组成部分——体育教学,势必要完全摆脱原有的传统束缚思想,确立“培养全面发展的人”的全新教育理念。

从目前我国普通高校体育教学改革来看,由“项目教学”向“项目教育”转变、由“技能传习”向“文化传承”转变,并突出人文教育与科学教育的融合确实符合我国高等教育发展的趋势。

作为体育教学中的重要组成部分——体育教学模式其教育理念也自然要顺应体育教学的发展方向,确立其有自身特色的教育理念,通过对高校体育教学的认识与实践,培养出具体科学精神、人文精神、健康意识、国际视野的、综合性的、全面的、和谐的复合型人才。

(二)体育教学新模式的构建手段

1.体育教学新模式的人文手段

人文教育是“运动参与”和“社会适应”目标实现的主导手段,人文教育旨在提高人的素质和精神境界,也就是本文前面提及的“用文化的力量教化人”。当学生通过人文教育的实施具有运动参与的意识和兴趣并真正想参与其中的时候,就会主动去诉求运动技能的相关知识以达到运动参与的相对完美,这是人们求好心理使然;而当学生主动想参与运动并主动学习运动技能的时候,其身体健康的目标也就正在实现了;当学生懂得主动参与、学习运动技能、逐渐接近身体健康的目标时,其成就感就会日趋增强,心理健

康的程度也就会日渐上升，与心理健康目标的差距亦会逐渐缩小；同时，人文教育手段可以实现对学生进行和谐人际关系的教育，在参与运动时同学之间互帮互助、团结协作，也会直接促进运动技能、身体健康和心理健康的发展。

2.体育教学新模式的科学与技术、技能手段

“科学与技术、技能教育”是“运动技能”和“身体健康”目标的主导实现手段，当“科学教育与技术、技能教育”发挥其应用的作用，使学生掌握了相应的专项知识和技能时，学生就自然会以所学专长作为运动参与的内容；当学生具有运动专长并能积极主动参与其中，并能运用所掌握的科学教育与技术、技能教育知识和技术、技能进行监测体质的健康状况、合理选取有效的体育健康手段时，也自然会促进其身体健康和心理健康；当学生能够达到运动参与、运动技能、身体健康和心理健康时，同学向其讨教练习技能时他(她)就会言之有物，将自己的学习心得和体会拿出来与同学交流，这也是在增进人际交往的同时向社会适应的目标迈进了。

3.体育教学新模式的健康手段

健康教育是“身体健康”“心理健康”和“社会适应”三个领域目标的主导实现手段，通过教学过程向学生明确健康的真正内涵和标准(身体健康、心理健康、道德健康和社会适应良好)，就会使学生了解什么是真正的健康，就会使学生能够积极、主动地去参与运动、去学习运动技能，从而促进身体健康。而有关“社会适应”目标中体育道德的问题，正是道德健康的范畴，同时也需要人文教育作为主导手段来实施。

由此，也再一次证明了人文教育、“科学教育与技术、技能教育”和健康教育是相融相合的共生体，只有三者共同发挥作用，才能达到“通过体育文化的传承，培养全面发展的完整的人——具有人文精神、科学精神、健康意识的复合型体育教育人才的体育教育理念，这也正符合身、心、群协调发展的教育观。

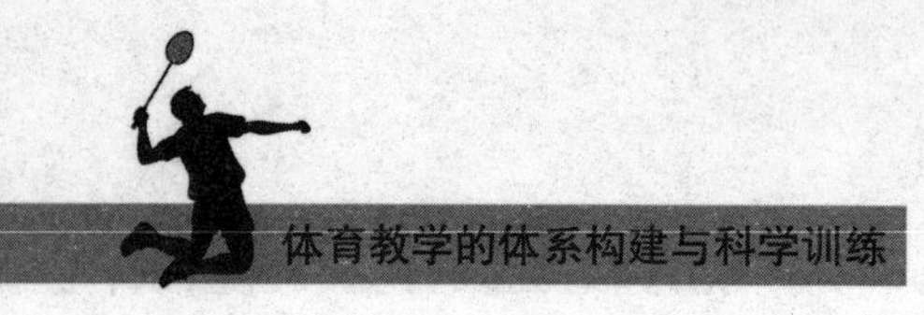

第二节 “双向主体能动式”教学模式

一、“双向主体能动式”教学模式的理论基础

(一)主体性教育理论

20世纪80年代,大家开始关注主体性研究,尔后将其带入教学领域,形成了相应的主体性教育理论。基本思想是在教学的过程中,为了提高学生的主体功能,以激发学生的学习兴趣,提高学生的学习能力和创造能力为目标,使学生具有自主、管理能力的教育。在教育的过程中,学生既是认知的客体,又是认知的主体。学生作为教学过程中的重要元素,需要教师在教学过程中,根据时代的要求,对学生的教学内容不断地更新,教师要有计划和目的地进行指导,将社会需求转化为学生需求,提高学生的自身素质。但是,学生在接受教育的同时受到了外界环境的影响,所以,教师要注重学生的特征,协调学生既是主体又是客体的关系。

在教学实践中教师不单单是一个传播者,而是在教学中激发和调动学生积极性的引导者,引导学生自觉地启动创造性思维。教师和学生一个是教学实行者,一个是学习的接受者,两个教学主体共同成为教学活动的两端,教师与学生两个主体在教学活动中共同创建了相互交流的主体关系。

在主体教育理论的基础上“双向主体能动式”教学模式,把教学实践中教与学的两个方向辩证的统一,两个不同的主体相互转换发挥各自不同的特点。教学中每个学生的主体性地位体现在人格的尊重;观察每个学生个体的真实想法和内心活动,从学生身心发展和个性发展出发促进其全面发展;注重培养教师与学生的交往、尊重、平等。在教学方式上,注重学生感知能力的培养,建立一个有利于学生发挥的空间,正确地引导学生对知识的转化,在教学评价效果上,充分发挥学生主导性评价,以学生主体性的发展为

评价标准进行评价,“双向主体能动式”的教学模式在教学活动中的各个方面都体现了主体性的教育理论观念。

(二)构建主义学习理论

建构主义的学习理论是由瑞士心理学家皮亚杰提出的,他通过认知理论的发展提出了构建主义学习的理论,后历经世界众多的哲学家、教育学家、心理学家等进行推进,如康德、库恩、维果茨基、布鲁纳、奥苏泊尔、维特罗克等对其研究的不断加深,现在的构建主义学习理论已成为教育学习理论的重要基础之一。其主要观点有:知识是通过经验构建而成;学习是个人对外部世界的感知和阐释;学习是基于经验创造并发展知识的积极过程;概念延展源自知识的交互、不同观点的分享和个人观点的演变,这些知识和观点是共同学习过程中产生的;学习应在实际环境中进行,学习效果应由综合任务而非分散工作的完成来测定。其一,学生不是单纯的被动接受,学生是具有主观能动性的个体,他们可以根据生活的经历,学习情况和沟通中选择性的接受外部信息,要在教学中让学生学习主动的获取信息,并培养独立的思考能力;其二,建构的教育过程具有双向性。一方面,在对过去事物的认知上对当前的事物进行新的认识;另一方面,对过去认知的事物根据现实情况进行重装,不是单纯照搬原物。在学习的过程中构建双向性模式,首先学生要主动地进行学习,保持对知识的新鲜感。其三,建构多元的学习过程,由于事物的复杂性、多变性以及个体经验的独特性导致了个体对事物学习的多元性。通过上述研究,发现建构主义的学习理论可以保障学生在学习过程中的主体地位,充分地强调了学生在学习过程中的主体性。在教学的过程中,学生应该转换角色,从被动接受教育变成主动对教学内容进行加工和反思,而教师的角色应该从主动的传输者转变成提供指导性帮助的人。为了完成两种角色的转换,教师需要在教学过程中运用创新的教学方法和组织形式以及教学思路来建构教学的过程。

(三)“行为交往”理论与教学特殊交往说

德国哈贝马斯在对“行为交往”的理论上对人的行为进行分类:具有目的性的行为、规范性的调节行为、戏剧性的行为和交往型的行为。前三类的

行为属于单项性的行为，而“交往型的行为”是需要通过语言沟通进行的活动，通过彼此间的对话达到人与人之间的沟通、交流和互动。

在教学特殊交往中认为教学交往是人类生活中基本的活动，教育作为社会中重要的活动之一，存在着人类之间的交往，主要是指学生与教师之间的双向交往。它以学校教材为介质，由教师进行知识和技能的传授，促进学生身心全面发展的特殊交往。教育学家贝马斯认为，在教育的活动过程中人与人之间是主体间相互交往的关系，它不同于主客体间的改造关系，教育行为是主体间的交往行为。“双向主体能动式”的教学模式强调了在教学过程中教师与学生的双主体的地位，以学生和教师之间的一种能动交流和信息的转换，行为交往理论为“双向主体能动式”教学模式奠定了理论支撑。

(四)人本主义教育思想

人本主义教育理论产生于20世纪60年代的美国，其主要代表人物是罗杰斯。他认为教学过程就是激发学生的学习兴趣，培养学生积极主动地学习，促进学生的全方面发展，为教育的改革提供了新的思路和方法。他在人本主义的教育理念中提出：“教育的理念不是提高课程成绩，而是以人格的完善和自我价值的实现为目标，对人进行全方面的培养。”“双向主体能动式”的教学模式以人本主义为指导思想，促进学生的自我认识为前提，关注学生的心灵世界，在发展运动能力的同时关注学生的心理变化，而不是只注重成绩。

人本主义的教育理论中提到的师生关系思想认为，教师主要的任务是在学生学习的过程中创造一个良好的学习环境，帮助学生进行学习，培养学生学习的积极性，它不同于从前的传统性教学，构建了新型的教学模式。在新型的教学模式中教师主要是学习的促进者，与学生之间保持着和谐的关系，主要负责创造快乐的学习氛围，隐形地对学生进行指导和帮助。“双向主体能动式”教学模式中的教师在整个教学中起到了引领者的作用，使学生在一个轻松愉快的环境中学习，同时与学生建立了新的交流平台。

人本主义的教育理论是“以学生为中心”的理念，学习的真正意义是培养学生积极主动地获取知识，培养学生独立思考的能力，自由探索知识的能

力。教师的责任是引导学生获取知识,挖掘学生潜在的能力。如果我们在教学中,让学生发挥主观能动性,在教学中占主导地位,教师与学生的角色暂时性地互相交换,则可以使课堂教学更富有创意,为师的教学与学生的学习都赋予了新的含义,从而大大提高了两个角色间的理解力和学习力。这也是"双向主体能动式"教学模式中的重要一环——角色互换。

人本主义的教育思想主要是运用自主式的评价方式对教学过程进行评价。主要是学生自主责任制,对自己的学习情况进行考核,自己制定评分标准,自己打分。采用这种方式不仅有助于学生的独立成长,还可以培养学生对自己负责的能力。因此,我们既要综合传统以教师测评为主的评价方式,又要有包含人本主义教育思想的自我测评,只有这样的测评方式才能全方位地了解学生的学习状况。"双向主体能动式"即采用了这种全方位、多维度的测评方式。

二、"双向主体能动式"教学模式的结构模式

(一)指导思想

在主体教育理论的指导下,通过教师的科学引导启发学生的主动探索,学生能动学习自主发挥积极性和创造性,以相互交流、自我体验尝试培养体育能力,教师发挥引导、辅助、激发、鼓励的指导思想。

(二)教学目的

以培养学生能动思维能力,掌握运动规律的发展为目的,发挥学生的主观能动性并积极体验尝试,增强参与体育运动的自信心,克服心理因素影响,在相互学习中提高集体意识,建立和培养社会交往能力。

(三)教学方式

教学过程中"双向主体能动式"的主要因素是:教师、课程和学生。三个因素各有作用,教师作为教学的主体,学生和课程就是在主体教师进行的教学活动中的客体内容;学生在教学过程中是主体,教师和课程就是学生学习活动的统一客体;课程作为教学活动的主体,教师和学生为主体的教学活动中,课程作为其中的衔接客体,起着重要的作用。教学中学生和教师的主体

地位的变化,学生之间的个体、群体相互交流指导,使教学活动在一个活动的状态中发展。这种教学模式的主要特点是“双向性、参与性、能动性”,以教学活动中的学生与教师的双向能动交流,充分调动教学与学习双方的积极性和能动性,良好的教学环境能使课堂氛围变得活跃,从而激发学生潜意识的能量发挥、能动创意,实现教学过程中的双赢。教师作为教学活动中的组织者和设计者,应该选择合适的时间和学生进行沟通和互动,从而形成良好的师生关系。在一定的情况下,这种交往中的学生与教师两个主体之间应该形成一种互相交往的关系,教师不仅要从学生的角度上看待问题,并且感受学生的心理活动,在平等的位置和角度与学生一同设计问题,寻找解答,进而分析讨论,产生不同的观点,从而对学生进行引导启发。在这样的教学环境中,学生充分感受到自己的主体地位和被集体的认同感,教师对学生的成绩正确评测以及中肯评价,鼓励学生积极学习,加深学生与教师之间的关系,让学生更加愿意展现自己的真实想法,积极主动地参与到集体教学活动中来。

在实践教学中,传统教学模式下的体育课,全程都由教师作为主体,从准备活动到课堂练习直到结束,教师一直独自示范带领,学生只是被动接受,两个主体完全没有互动,因此教学效果往往不理想。但是在采用“双主体能动式”教学模式体育课的某些环节,例如,让学生扮演教师的角色,带领同学进行课程教学。教师可以提出各种设想,让学习的主体不再仅仅是学生,同时教学的主体也不单单只是教师,两者互为主体。学生在引领的过程中增进了沟通、教学和组织创新的多种技能,而被带领的学生和老师不仅可以学习到基础的体育知识,还可以指引学生吸取经验,弥补不足。让学生进行角色转换,让每个学生在这样的教学活动中正确规划自己,尽情地展示自我,充分认识教学过程,理解教师的工作,在学习中提升自己各方面的素质,体验自我实现的价值。同时,教师通过学生的表现,可以更加深入地了解学生的学习和各方面的能力,准确地对教学进行反馈,为提高教学效果奠定基础。因此,运用角色互换的教学方式,在教学过程中充分体现出学生与教师双主体的作用。

小组合作学习:分组练习是以小组和班级相结合的教学方式。在班级

授课的基础上,以分组练习运动技能的形式,充分体现整体性与个体性的辩证统一。在分组合作练习中,教师的主导性作用降低,学生的主体作用提升,分组练习为学生创造了一个自由学习的环境,同时有利于学生与教师之间的沟通,同学之间相互合作交流,形成了一种交往模式,同时学生在集体中感受到了与人合作的成就感,相互建立起信任,也培养了学生的社会交往能力,在教师的引导下小组成员相互帮助,更好地完成老师布置的课上教学任务。

能动式教学:在教学中的问题不是以直接的方式回答,而是以引导启发的形式,让学生能动地思考问题,不是马上通过教师获得答案,同时教师可以对学生进行启发式的提问,学生也可以提问老师,通过主体双方共同思考探索问题的本质,学生不是一个学习的客体被动接受知识,通过讨论学生积极主动地去理解,潜在的思维能力被开发,不是被动接受知识的传授,这样有助于学生的实践能力提升,培养了创新思维,在这样的教学环境中,教师与学生的交流加强了,教学效果远远高于被动接受的教学效果。

能动交流:“双向主体能动式”的教学模式就是在整个教学过程中,教师和学生以启发式的教学方式进行沟通,教师在教学过程中设疑、提问学生的方式,与学生探讨、交流问题,不以教师的主观性来评定答案,而是以引导的形式进行,在交流中以平等的方式进行,强调在启发的过程中使学生认识事物的本质,对于学生的回答适时地给予鼓励,以提升学生理解思维能力和自我判断能力。

多媒体教学:在双向主体能动教学过程中,教师可根据课的情况适时地安排在理论课上播放一些相关的专业体育运动视频资料,同时加以引导性的讲解,使学生感知体育运动的真实性,能在练习中加以模仿。这种观摩欣赏在一定程度上对体育教学也是一种调剂,学生的热情和积极很容易被调动起来,使学生更好地完成教学任务,在视频教学课程中并非单纯地播放运动视频,需要教师的引导和组织,这也要求教师在备课时积极准备,查阅收集相关的资料和视频,同时课上还需要教师准确地讲解,让学生在看的同时能理解运动的本质,使自己掌握正确的动作要领,这样能使学生掌握更多的知识,对发展学生思维以及提高学习动机提供帮助。

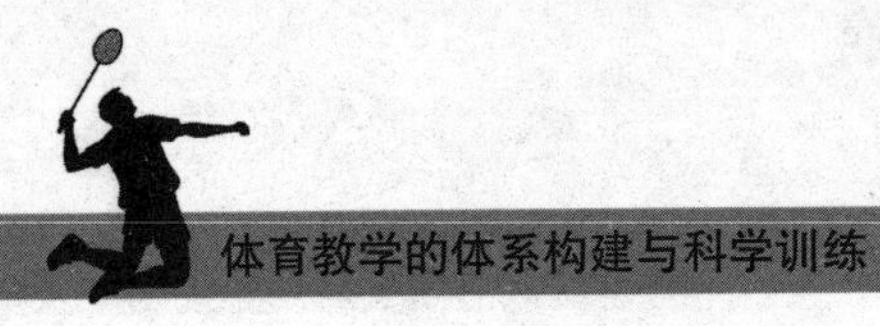

（四）实践教学过程

以激发教学为主题—教师情景设计—激发—引导能动—主体辩证转换—教师启发诱导—能动的交流评价—分组练习的测评—交流引导并掌握技能—测评的反馈。

（五）教学效果的评价

在传统的体育教学模式中对学生的评价基本就是以教师的考核为主，在评价过程中以学生掌握运动技能情况来评定优良，不以学生的主观意志为准，往往学习认真但因本身的运动能力差的学生始终考不好，为了能正确地评价教学的效果，体现教学实践的真实性，双向主体能动式的教学模式运用不同的方式对学生进行客观的评价。教学效果评价在平时成绩的比重加大，增加了学生之间的互评、自我评价、集体评价，而传统的运动技能评价和身体素质评价降低。

这样一来，学生的积极性充分调动起来，因为课堂表现高于技能的评分，以学习过程与终期考核相结合的方式进行，使学生的整体成绩建立在学习过程的基础上。

三、"双向主体能动式"教学模式对教学效率的比较分析

（一）"双向主体能动式"教学模式对学生动作技能掌握影响的分析

研究结果证明，"双向主体能动式"教学模式与传统教学模式相比，在运动技能提高方面效果较明显。分析其原因：从运动动作技能掌握规律分析：动作技能的学习与掌握，是一个从低到高的感知与生理系统相互协调的发展关系，要达到最终协调与熟练的过程，需要反复练习，动作定型的运动过程。在学习动作技能的开始阶段，教师的动作分析、讲解和示范，对于学生来说掌握的只是动作的初级感知过程，表现出来的是动作的不规范、身体的不协调、生理的反应慢、多余的动作增加，对于完成动作情况的认知还是很模糊。而"双向主体能动式"教学模式的体育教学是以双向主体的形式，学生自己本身就是教学的主体，既是教又是学，每个人的位置在变化，是教学的讲解示范者、评价者或被评价者，是教学的学习者，在学习过程中体会实

践,在评价与被评价中发现问题,纠错错误动作在实践中积累经验,逐渐地熟练、完善,从模糊到清晰,这需要一个评价信息反馈的过程,有时学生在学习动作时往往感受不到问题的存在,分组练习时同伴之间的交流和互动,使之能感到问题的存在。

从运动学规律来说:体育运动中的迁移是在教学中普遍存在的现象,受各种各样的外在和内在的生理和心理的影响。在传统的教学模式中学生感知的是技术动作的表面现象,教师怎么教就怎么学,而并没有理解动作的原理,“双向主体能动式”教学中教师与学生之间、学生与学生之间的交流和互评产生了信息的反馈,学生能够去思考加上教师的启发,学生能够正确地理解动作要领,从而达到一个完善过程。另外在分组教学中学生在集体中感受到一种团队的荣誉,更加积极地参与其中,这就会产生一种效应,提高了学习新内容的能力,好的效果自然就出现了。

(二)“双向互动式”教学模式对学生学习动机的影响

研究证明,“双向主体能动式”教学模式比传统教学模式更有利于激发学生的学习动机。

首先,在教育理念上教学是一个育人的过程,要达到教与学并重的关系,就不是单纯教学的关系,是与学生在平等的基础上相互交流,以学生为主体建立双向关系,教师是学生的引导者,教学主题的激发者、能源的开发者、创造性思维的启动者,这些在“双向主体能动式”教学模式的双向、主体、能动中体现,双向指教师与学生的相互交流,位置的变化使学生心理产生了一种反应,被动变为了主动,交流也打开了学生的内心世界,教师能够很好地掌握学生的学习动机,主体使学生成为教学的引领者、组织者、评价者,学生的动因被启动,因为是参与者就会主动地学和思考问题,兴趣自然高了。能动是在主动积极参与下、教师的启发下积极地发挥自身的创造性思维,去理解技术动作的原理,通过感知主动的实践过程,学生在实践经验的积累下不断地完善技术动作,从而获得成就感和满足感。

其次,“双向主体能动式”教学模式在评价方面,不是以最终教学考核和教师的主观来评价结果,而是以多个方面评价学生学习的效果,学生个体自

主完成学习情况的评价、集体学习评价情况、自我评价情况、教师评价情况相结合的形式,因不是一方面的主观评价,学生的畏惧心理降低,对于那些运动能力差的同学来说,通过自身的努力和教师、同学的激励,也可以得到好的评价,并非以运动成绩来考核,心理的承受能力得到加强,这种客观的评价将学生各方面的积极性调动起来,在这种情况下创造了一个轻松活跃的教学环境和氛围,提高了学生的学习热情,在轻松活跃的环境中,学生的理解思维加强了,对于每次学生自己的引领示范都会有不同的效果,也提升了学生的热情与兴趣。

(三)“双向主体能动式”教学模式对学生主观锻炼体验的影响

“双向主体能动式”教学模式对学生锻炼的影响,体现在教师与学生之间运动技能成绩不是主要的,重要的是积极的学习态度,在双向主体的作用下,学生在学生之间的交流,学生与教师的交流、讨论、互助的过程中,学生克服心理上的弱势障碍,在鼓励和互动的形势下提升了自信心,敢于去体验尝试,尝试体验中激发学生的探索精神,正因为有了实践的体验才会去感知体会动作的要领,这也是在教师的引导下,学生自我探索、自控和互助练习中培养的主观锻炼体验。

(四)“双向主体能动式”教学模式对学生群体凝聚力影响

集体分组中成员的吸引聚合与组成成员对集体的忠诚关注以及组成成员之间密切程度,形成了集体凝聚力。这种集体凝聚力使集体中每一个成员产生聚合在集体内部的力量。多项研究实践证明:集体内部关系越是和谐融洽,凝聚力则越强;反之,集体内部关系越是混乱排斥,凝聚力则越是薄弱。

研究证明,“双向主体能动式”教学模式较传统教学模式更利于体现学生的集体凝聚力,表现在教学模式改变了原有的集中班级授课的形式,而是在传统的班级集中授课的基础上,先是在教师的集中下精讲缩短集中讲解示范的时间,再到学生分组练习,改变过去单一不变的授课方式,分组练习时在集体中的学生个体明显可以感受到集体的凝聚力,学生之间在集体中的相互评价提升了信任感,因为在大家的努力下,整体的提高带动了学生个

体能力的提升,从而大家在小组中互相交流,产生一种强烈的归宿感,因而形成了一种凝聚力。传统的体育教学模式在班级教学中,是对集体中的组成成员进行单个测评,这种测评大多只能表示成员个人的体育成绩,在这样的测评环境下学生更多的是关心自己的表现,对其他同伴的表现则漠不关心,集体的荣誉感不强,因而学生之间的内部凝聚力不强。①

"双向主体能动式"教学模式中,学生在分组的集体里感受到自己的重要性,同时也增加了一份集体责任感,各组在运动技能学习时掌握的水平有高有底,在相互分析讨论中不断提高,从而满足一部分学生的成就感,解决少部分学生的心理障碍,加深学生之间的感情。

(五)"双向主体能动式"教学模式对学生健康体质影响的分析

实验数据结果证明,实验前后学生的身体素质比较,跳远、前抛实心球、1000 米跑这三项指标在实验后都有所提高,而跳远的测试成绩呈显著性差异。这是与体育教学内容中的武术、排球两项运动有关,武术动作需要跳跃、踢腿和静力的马步动作,而排球运动同样需要做很多的腿部力量动作,这些动作的练习在不同程度上加强了腿部力量以及身体的协调能力,因而在这一项指标上有很明显的进步。

"双向主体能动式"教学模式和传统教学模式在身体素质方面教学效果相似。事实证明传统体育教学模式在教学过程中往往要用一部分时间来对学生进行身体素质方面的练习,而"双向主体能动式"教学模式采用的是分组自主式练习,学生在老师的引导下自主练习,练习时间增多了,运动技能练习同样能达到身体素质练习的效果,"双向主体能动式"教学模式提出的双向主体教学使学生参与到教学中,如学生的示范、引领,在一定程度上从课内练习延伸到课外练习,这是自觉地去学习思考,以亲身的体验来体会动作要领,在无形中增加了运动量和强度及运动技能的提高,达到了锻炼的效果。

---

① 陈炜等:《体育教学与模式创新》,光明日报出版社 2016 年版。

第三节　快乐体育教学模式

一、快乐体育指导思想的演变与发展

（一）快乐体育指导思想的演变

快乐体育思想源自世纪年代的日本，其主要是对以往枯燥的体育教学的一种抛弃，使学生通过愉快的运动来感受成功，感受喜悦并加强同伴间的合作与理解。可以说，快乐体育兼顾了学生的兴趣、关注学生的情绪体验，崇尚快乐和成功的感受，对于学生体育兴趣的培养及终身体育观念的形成是非常有益的。在国内，随着学校体育改革的不断深化，快乐体育思想已逐步被广大教师所接受，并对我国学校体育教学产生较大的促进作用，在实际的教学运用中取得了一定的实践效果。但我国学校体育界对“快乐体育”理解还不一致，认识上还存在许多片面理解。

随着教育改革不断深入，新的课程标准正以全新的姿态引领教学向更深层次发展。体育与其他学科一样，也在轰轰烈烈地展开新的探索和改革。在执行新课标的实践中，我深深体会到激发、培养和保护学生对体育的学习兴趣，是贯彻新课标、提高体育教学质量的重要手段。快乐体育教学模式如何才能更好地落实到体育教学中去，也就成了广大体育教师所关心与期盼的问题之一。

针对现存快乐体育教学模式运作过程中的问题所在，本研究从游戏理论的视角出发，构建一新型的体育教学模式。在教学中将教学内容以新的方式表现出来，以激发学生活泼好动的天性，去积极主动地练习。改变以往那种单一枯燥的教学内容、结构和气氛以及教师强制灌入的“填鸭式”教学方法，倡导学生主动、愉快地学习，激发学生参加身体锻炼的兴趣和积极性。寓教于乐，使学生乐中求学，学中益智健身，让学生在玩中学、玩中练，以完成体育教学目标。

(二)我国学校体育教育改革的发展

在我国体育教学改革的大背景下,体育的教学模式在不断更新,更好地完成教学目标,达到良好的教学效果,激发学生,培养学生的兴趣爱好,是当今我国体育教学改革的基本模式。以游戏理论为视角,提出将游戏融入快乐体育教学模式,将游戏与实际的体育教学模式进行重构及整合,为体育教学模式的运作提供一个新的视角和出发点。快乐体育教学模式游戏化的构建,将对体育课教学质量的提高以及整体体育教学的运作产生一定的指导意义。快乐体育的教学模式在根本上提高了教学质量,有了新的教学思想和理念,这样对体育教学的效果有了一定的影响,采用了新的理念新方式,为我国体育教学的发展提供了更好的帮助和发展。如今我国的体育教学模式相对其他国家比较落后,只有开拓思想来完成教学,为我国的教育改革做出贡献。

(三)研究快乐体育教学模式解构与重建的意义

传统体育教学模式注重以教师为中心理念下的讲解、示范。它有利于知识的传授,但它也有明显的弊端。首先是课堂教学模式死板、机械。一堂课从头到尾基本上都是老师在讲,老师在示范,时间过长。我国体育教学模式过于简单化,没有更好地达到愉悦身心的目的,只是简单地传授技能。体育改革的一个核心就在于如何使学生从事"快乐体育",因此,体育健康课程标准在构建课程体系的时候,十分关注满足学生全面发展的需要和学生的体验,从课程设计到评价的各个环节始终从有利于学生主动全面发展出发,要求教师在教学活动中特别注意体现学生的主体地位,以充分发挥学生的学习积极性和学习潜能,提高学生的体育学习能力。快乐式教学模式就是要从传统的讲授式、单向传授式转变到启发和讨论式的教学模式上来,培养学生独立思考能力和创新能力。快乐体育是一种体育教学思想,在形式上它是以快乐地从事体育学习为目标,但本质含义上是寓教于乐。新课程背景下的快乐体育的思想是指终身体育与个性和谐发展的统一。快乐体育是主动体育的外壳,它注重教与学过程中的情感功能,学生学习过程需要教师

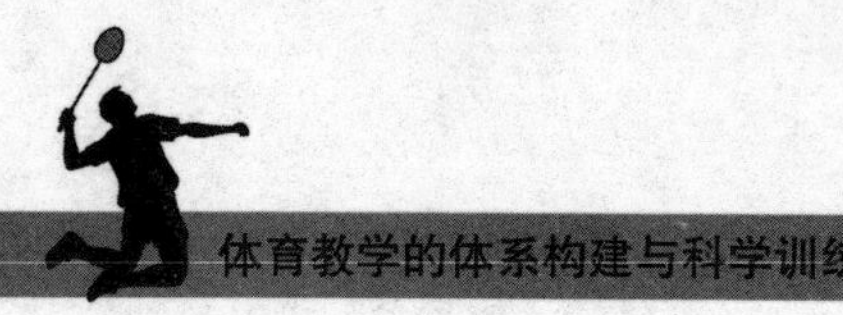

的指导和组织，要求师生保持愉快的心境来完成教与学任务，它是对学生进行完整的人格、体能和智能的教育，促进学生身心全面发展，使学生能在学习阶段中认识体育，热爱体育。快乐体育的快乐并不是没有任何痛苦，快乐蕴含在体育之中，使学生在体育学习中真正获得掌握知识的满足感、技能提高的喜悦感、战胜困难的超越感、群体学习的社会感和良好氛围的舒适感等，从而使体育成为他们生活的一部分，并能持之以恒，直至伴随终身。

二、快乐体育教学模式的研究与游戏理论

（一）快乐体育的研究

快乐体育思想是时代的产物，是时代精神的反映，是与整个社会政治、经济、文化的发展、教育改革与发展以及整个体育的改革和发展紧密联系的，是对当前体育教学中某些僵死、被动以及缺少乐趣的反思，首先在日本学校中流行的体育观点和内容。它把运动由手段升华为目的和内容，强调让学生在运动中充分体会其中的乐趣，提倡自发的自主学习和练习。这种新的体育观念，一是认为运动价值在于从运动中产生快乐和喜悦的体验，减少学生的痛苦感；二是像游戏那样，运动的欲望满足在于个体目标的达到，减少讨厌学习的气氛；三是强调学生之间“横”的关系，尊重学生自主性，鼓励同伴们一起讨论、学习和练习。这一新的体育观点在发展中还存在认识上的问题。

张瑛玮在《快乐体育教学研究》一文中，通过对传统体育教学模式的简要分析，概括了快乐体育的“优势及作用”。袁晓芳在《浅谈快乐体育教学》一文中，针对快乐体育的具体含义，分析了其在体育教学中的作用，接着阐述了实施快乐体育的基本原则。杨洁在《对目前我国快乐体育教学的初步研究》一文中，通过对快乐体育的本质以及怎样更好地开展进行研究。范红在《快乐体育教学理论研究》一文中，通过对快乐体育概念的总结阐述，以及快乐体育与传统体育教学的区别分析。快乐体育的产生是对传统的师生观、教学观、理性观的变革。其基本内容有以下几个方面：

传统的体育教学论过分强调教师的主体地位、主导作用，认为学生只是

一个需要教育的客体，只能被动地接受体育教师的教育培养，这样就导致了学生主体地位的丧失，自觉性、积极性的泯灭。失去兴趣的学习，不能激发与维持学生学习的动机，不能体验到满足需要的乐趣，学生也不会进行有效的学习。快乐体育十分重视体育教学过程中学生的主体地位，教学中充分发挥学生的内因作用，即主体作用。快乐体育理论认为，重视学生的主体地位，激发和维持学生学习的兴趣与动机是提高教学效果的手段。

体育教学艺术的本质就在于促进学生乐于进行体育学习，“为深化旨在追求运动乐趣的体育学习，孩子们自发、自主的学习活动成了一个非常重要的条件，满足孩子们的运动欲求就会产生运动的乐趣。这种欲求的水平越高、越明确，其满足后获得的喜悦也就越大。因此体育课不能带有教师强制性的，而必须能使学生自发、自主地享受运动中的乐趣的体育课”。丰富多样、生动活泼的教学方法，新颖有趣、逻辑性强的教学内容，可以不断地引起学生新的探究活动，从而激发起学生更高水平的求知欲。体育教学不仅要育体，而且还要育心。社会越向前发展，对人的道德情操和适宜社会生活能力的要求也越高。体育教学可以培养学生具有一定的适应社会生活要求的个人行为和社会行为，具有符合时代精神的思想品德、文明修养、道德情操等。快乐体育在注重学生的主体地位和发展个性的同时，也要求运动技能在积极参与下的提高，培养终身体育的能力和习惯。总体来看，现阶段国内对于快乐体育的研究主要集中在快乐体育含义概念的总结、快乐体育与传统体育的区别研究、快乐体育开展现状、快乐体育的优势及作用、快乐体育核心教学内容的概括、快乐体育与现行体育教学模式的链接等方面。快乐体育的发展教学模式对国内的相对优越，而且在对快乐体育的理解方面也有一定的优越性。

（二）快乐体育教学模式的研究

快乐体育教学模式是指以运动为基本手段并采用适宜的教法，在发展学生身体的前提下，使学生得到理性的快乐体验，即以快乐心理体验为直接（显性）目标的一种体育教学模式。这种教学模式的作用是能够较好地提高学生学习体育的兴趣，养成锻炼的习惯。其特点是通过教师的指导使学生

在"乐"中学,在学中"乐"。

快乐体育教学模式指体验运动中的快乐,因此,这种教学模式运用的基本教法应是练习法。但是,从观察与实践来看,快乐体育教学模式运用最多的教学方法是语言法和暗示方法。学生学习的进步需要教师去表扬,学生在学习中遇到困难需要教师去鼓励,学生在运动中的挫折需要教师帮助与引导,学生在运动学习中的失败需要教师的尊重与理解。教师对学生的亲切的语言,教师对学生关注的眼神,教师适当的一举一动无不对学生产生重大的影响。从这个意义上来讲,体育教学与一般教学一样,语言法暗示也是一种无声的语言,是第一大教学方法。而实际上,许多体育教师往往忽视语言法的运用,仅注重技术教学与体能练习,这是不适宜的。

盛昌繁《快乐体育教学模式述评》一文中,从快乐体育的内涵入手,对快乐体育教学模式的特征加以构建,从教学指导思想、教与学的关系、教学的结构、教学方法、教学组织这五个方面对其特征进行了概括和总结。

李慧娜在《快乐体育教学模式的认识和应用误区的探讨》一文中,通过文献资料的查阅及相关调查。对快乐体育教学模式的起源、快乐体育教学模式的内涵及定义以及快乐体育教学模式的特点进行了总结和分析。

对快乐体育教学模式认识和应用误区进行了分析,发现产生误区主要源于对快乐体育教学模式认识的偏差,以及对快乐体育教学模式与教学方法和教学过程的混淆。文章在对快乐体育教学模式正确认识的基础上,提出了部分参考性的建议,明确快乐体育教学模式与其他教学因素的联系与区别,界定概念,少走弯路控制好收放关系,快乐体育教学模式不是放羊式教学,要学会收放自如,把师生关系的建立放在首位,因材施教、主张启发式教学,强调教师的实际教学操控能力,教师生动的语言来引导学生进行快乐教学,最终达到促进快乐体育教学模式的健康快速发展。

陈梅在《快乐体育教学模式探讨》一文中,通过对快乐体育的产生背景、理论依据的分析,引出了快乐体育的概念以及在教学中的实施原则,包括教育性原则、趣味性原则、情境性原则、激励性原则、实效性原则这几个方面。

从国内外的快乐体育教学模式的改变上来看,都是以提高学生的素质为主,主要表现的方法方式上,积极地运用到学生身上,国内外的体育教学

模式相比较,达到娱乐身心和健身目的。指导思想的转变也是如今国内外体育教学根本的改变方式,快乐体育的发展局限在体育教学内容的基础上来完成教学,提高学生素质,将娱乐、健身融为一体。

(三)游戏理论研究综述

李力研在《论体育游戏——透析西方主要游戏理论的体育观》一文中提到体育运动作为一种特殊的文化现象,这种现象的基础是动物游戏。动物游戏的条件必须是“剩余精力”。人类的体育跟其他文化活动一样,都是自身剩余精力的外在投射。西方学者系统研究过动物与人类的游戏,并形成了系统理论。我国开展体育已经多时,但尚未从对它的游戏基础进行考察。其在文章分析过程中,将若干主要的西方游戏理论进行梳理。将席勒、胡伊青加、弗洛伊德等的游戏理论加以概括总结。从一个新的视角对体育风靡世界的原因进行了结构分析,使之适应于解释人类的体育现象。

近代以来,西方思想界对于游戏现象的理论探讨日益增多,出现了多种游戏理论。在近现代的西方思想家中,康德、席勒和胡伊青加都提出了各具特色的自由论游戏理论。

康德是近代西方对游戏做理论思考的第一人。他关于游戏的性质的观点集中体现在他关于艺术的性质的言论中。其游戏理论可以总称为“自由”论中,又内含着作为自由之原因论的“自为”论内在目的论和“无待”或“自助”论内在手段论。

考虑到康德本人并没有明确提出关于游戏的“内在手段论”,我们也可以仅仅将他关于游戏之自由的原因论称为“内在目的论”。对于康德眼中的狭义游戏来说,我们还可以更具体地将他关于这种游戏的自由的原因论称为“情感体验”(目的)论。

对于游戏,荷兰文化史学家胡伊青加持与康德相近但又有所不同的观点。胡伊青加的游戏观可概括为游戏是生命体以活动自身为内在目的因而自愿进行从而在自愿的意义上自由的生命活动。这就是胡伊青加的内在目的论或自为论和自愿意义上的自由论的游戏理论。

在康德之后,正式将游戏当作一个人生哲学的重大问题来研究的人是

席勒。席勒关于“审美游戏”的观点可概括为“审美游戏”是兼具感性与理性的人以自身两种本性的内在和谐的方式进行的,并因而具有整体性的“审美自由”的生命活动。这就是席勒的以和谐论为“审美自由”的原因论的“审美游戏”理论。

作为杰出的心理学家和精神病医生的弗洛伊德,对人类的梦与幻想做过深入的研究。在弗洛伊德看来,梦与幻想是典型的精神游戏。他所着重讨论的还是各种游戏的共性。从弗洛伊德对于各种游戏的共性的论述方面看,我们可以将他的游戏观最终表述为游戏是人借助想象来满足自身愿望的虚拟活动。由此,我们可以从存在方式或手段论的角度将弗洛伊德的游戏理论概括为“虚拟”说或“想象”说,也可以从动机或目的论的角度将他的游戏理论概括为“愿望的满足”说。

在游戏研究的先驱——康德和席勒之后,最早在英语世界中传播游戏理论并亲自从事游戏研究的人是英国哲学家斯宾塞。斯宾塞的游戏观可以概括为动力上的剩余精力发泄论和存在方式上的模仿论,游戏是生物体在谋生之外的闲暇时间里在剩余精力的推动下发生的对于谋生活动的模仿活动。由于模仿活动相对于被模仿的活动来说是虚拟性的。因而,模仿论也就是虚拟论。

在斯宾塞之后,对动物和人的游戏都做过深入研究的西方思想家是德国心理学家谷鲁斯。在他眼里,生命活动只要不是实际有必要的现实活动,就是作为虚拟活动的游戏。因而,目的的内外在性质并不影响活动的游戏性与非游戏性。综上所述,谷鲁斯的游戏观可以概括为动力上的本能论和存在方式上的虚拟论。游戏是由生物本能所驱动并作为生物本能的虚拟性表现的生命活动。

(四)游戏研究综述

人类是离不开游戏的,因为从一个长远的观点来看,人类毕竟还处在自己的孩提时代。古希腊时期是人类的婴儿期,古代奥运会是人类牙牙学语时代的游戏,近现代奥运会也不过是人类学步时代的一场盛大的体育游戏。

我国现代著名的教育家陈鹤琴先生说过:“小孩生来是好动的,是以游

戏为生命的。”这充分说明了孩子们对游戏有着特殊的感情。体育课多在室外进行,学生往往经受不住外界条件的引诱和干扰,注意力不易集中,单调的练习容易产生疲劳,体育教学游戏化则强调让孩子们在玩中学、玩中练,是完成体育教学目标,促进学生身心和谐发展的重要途径之一。因此,加强学校体育课堂教学游戏化研究是十分有必要的。

陈家起在《体育教学的生命解读》中写道:“体育源于人类的生产和生活实践。”原始人类在采集、狩猎等劳动之余,将实践中体验到的一些技能如走、跑、跳、投、攀爬等用于娱乐及交流,通过肢体动作展现丰收的喜悦并向神灵祈福,这类原始体育活动形态就是游戏。兴起于民间的杂要、嬉戏,现在我们称之为民族传统体育的一类活动,很显然也是游戏。体育的政治、经济、文化、科技、军事等功能是后天赋予的,本然的体育就是一种人们在闲暇时间里的娱乐形式,它不带有强迫性,也没有什么功利目的,它就是一种游戏。

陈韬在硕士论文《游戏化探究式学习》中通过对游戏实际价值的分析与整理,在客观分析游戏化学习的基础上,充分挖掘游戏在教学、学习中的实际特点,指出了游戏与教学的和谐关系是存在的。通过对国内外众多案例的分析与整合,对游戏化学习与探究式学习的结合应用中的实际优点进行了分析,最终概括出学习者的学习流程,进行了创意设计。

体育游戏作为一种常见社会现象,在人类社会产生和发展的历史长河中,经历着一个由起源、发展和逐渐完善的过程。体育游戏起源的基本动因是人类本能和原始倾向,及人类社会生产和人类原始社会生活。体育游戏的发展分为三个阶段:本能性体育游戏阶段,体育游戏的文化阶段,专门化体育游戏阶段。人类各种文化的交流进步和积累,体育运动的进步,人们余暇时间的增加,教育活动和宗教的活动是促进体育游戏发展的基本因素。各种体育游戏分类方法有各自的特点,具有各自的实用性。

分析表明心理学、教育学、竞赛学、行为学、体育理论、生理学、文化学和社会学是体育游戏理论常用的学科知识。以体育游戏理论内容结构的特点而论,体育游戏理论的发展分为三个阶段:哲学、游戏、体育游戏理论混杂阶段,游戏特有理论的研究阶段,体育游戏理论探讨多样化阶段。目前,我国

体育游戏理论仍处于较低的发展水平,但是它植根于体育实践,注重实用性,以游戏理论为科学基础的优点是值得我们借鉴的。而缺乏完整的体育游戏概念体系,未见成熟的体育游戏方法论,缺少有力的体育游戏理论解释,没有十分明确体育游戏的研究对象却制约着我国体育游戏理论的发展。体育游戏理论研究的人才、社会环境和文化的交流等因素是影响体育游戏理论发展的基本因素。未来体育游戏理论发展的方向将注重实验研究方法和文化学研究手段,体育游戏的本质问题、教育问题、社会问题、比赛和娱乐功能问题的研究将得到加强。体育游戏理论内容框架包括体育游戏的本质、体育游戏组织理论、体育游戏创编理论和体育游戏比赛理论。

三、快乐体育教学模式的解构

(一)快乐体育概述

1.快乐体育的定义

国内学者认为快乐体育教学是以运动为基本手段并采用适宜的教法,在发展学生身体的前提下,使学生得到理性的快乐体验,即以快乐心理体验为直接显性目标的体育教学。日本学者认为快乐体育教学思想的基本宗旨是把运动作为体育追求的目标而不仅仅是手段,把运动作为学生将来生活的内容来教给他们,让他们能够理解、享受掌握和创造运动,使运动文化终生成为自己生活内容中不可缺少的一部分。也有学者认为快乐体育既是一种以人本主义教育观为理论基础的体育教学指导思想,又是一个较为完整的教学方法论与教材理论的体育教学实践体系。快乐体育是一种先进的教育思想,既寓素质教育于其中,又保存了传统体育教育的精华。它的特殊性使其成为体育教育的指导思想,因此让学生在体育运动中体验到参与、理解、掌握以及创新运动的乐趣,从而激发学生参加运动的自觉性和主动性。

简而言之,快乐体育就是寓教于乐,是指从情感教学入手,倡导以学生为主体,教师为主导,对学生进行以健全的身体教育和人格教育为目标的体育教育思想。其核心思想是如何采用各种有效措施使体育教学达到教师兴教、学生乐学的良好效果,最终使学生深刻体验运动的意义和乐趣。

2.快乐体育的起源及发展背景

快乐体育作为一种理论和教育思想随着时代的变化为人们所认可，其孕育于日本，日本为了提出适应日本社会变化的体育思想——重视把运动作为生活内容来学习的体育和运动内容论、目的论的体育，其口号形式就是“快乐体育”。尔后被引入到我国。在这之前，我们国家的教育形式都是惯用班级授课制，以教师为主导，学生都是在完成教师所布置的任务，而当时的体育教育虽然在教学上对学生增强体质和提高运动能力都有积极作用，但由于传统教学模式的局限性，使学生缺乏学习的主动性，造成学生参与运动的自觉性大大降低，这些消极的因素影响了整个教学目标的实现，因此必须改变和摆脱传统教学模式——教师主导主体型，使学生真正喜欢学、乐于学，又清楚自己学习的目的和意义。快乐体育的应运而生，使学生在“乐”中接受体育教育，并从学中体会到“乐”的教学模式成为可能。现在，快乐体育已经成为我国体育教育发展的新方向，它既是传统的运动技术教育的管理体制和教学模式改革的转折点，也是以应试为重心的教育观念和行为转变的必由之路。

（二）快乐体育教学模式的定义及分类

1.快乐体育教学模式的定义

20 世纪 90 年代以后虽出现多种教学模式，但较少有人涉及体育教学模式概念，杨楠提出的定义“体现某种教学思想或规律的体育活动的策略和方式，它包括相对稳定的教学群体和教材、相对独特的教学过程和相应的教学方法体系”。最新版的《体育科学词典》的定义为，“按照一定的体育教学理论或教学思想设计，具有相应结构和功能的体育教学理论或教学活动模型”。它包括教学理论或教学指导思想、教学目标、教学条件、操作程序和师生组合五大要素。毛振明博士将体育教学模式定义为“是体现某种教学思想的教学程序，它包括相对稳定的教学过程结构和相应的教学方法体系。主要体现在教学单元和教学课的设计和实施上”。文永芳认为体育教学模式的定义应表述为，“体育教学模式是指具有特定的教学思想，用以完成体育教学单元目标而设计的相对稳定的教学程序”。

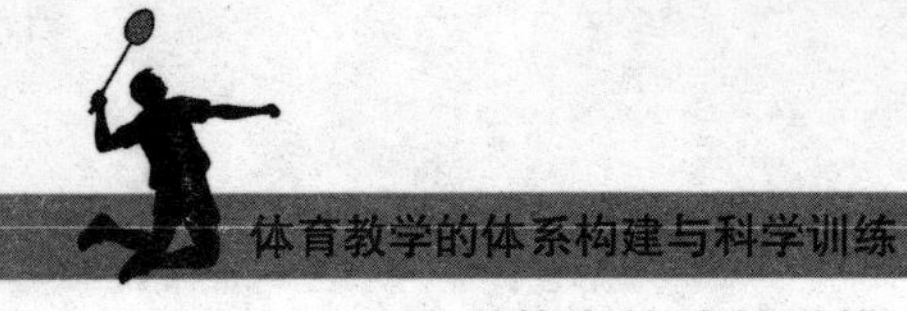

2.快乐体育情感教学模式

快乐体育应从情感教学入手，对学生进行以健全的身体教育和人格教育，要重视爱的教育、美的教育与各项运动所独具的乐趣，强调学习兴趣与创造学习。情感教学时学生身心培养的一种，这样从内心角度出发的方式，对教学具有一定的影响作用。情感教学模式不仅把运动和情感作为实现教学目标的手段，而且视为直接目的。在教学中，应注意体现以下几个特点：

乐学性。在体育教学中渗透德育是体育教学的基本要求。快乐体育以“乐学”为支撑点，培养学生良好心理素质。心理素质包括目的、兴趣、情感、意志等全部非智力因素。

趣味性。“授之以趣”，教师乐教，学生乐学。

情境性。将体育教学活动置于一定的情境之中让体育学习变得亲切、自由和愉快。

激励性。教学中一方面要“激情、激趣、激志”，激发学生主动学习精神，另一方面要“激疑、激思、激智”激发学生的心智活动，达到在快乐中求发展、在发展中求快乐的目标。

实效性。近期目标是培养学生良好的学习习惯和乐学精神，提高教学质量远期目标是面向终身体育发展体育素质。

3.快乐体育“三部分”的教学模式

快乐体育“三部分”是指准备部分、基本部分和结束部分。

准备部分。不仅仅是帮助学生生理上做好上体育课的准备，而是将主动权交给学生，让学生自由想象、敢于发挥、勇于创新。这样既给了学生一个表现自我的舞台，锻炼了学生的组织能力，同时还向学生提出了更高的要求，促使学生继续努力，养成良好的体育习惯。

基本部分。由学生自由选择项目、自由编组、自主学习与锻炼，教师所要做的就是协助学生解决在练习过程中遇到的困难和问题。在教学中，教师根据学生选取的项目以及他们的认知水平、运动能力制定出各堂课的教学目标。学生围绕教学目标可以采用多形式的学练方法，同时通过集体智慧来解决学习过程中出现的各种问题。

结束部分。不要让学生拘泥于传统的形式，只要是有益于身心放松的活动都可以采用,如游戏、欢快的集体舞、互相按摩、自我按摩、调整呼吸、意念放松或听上一段优美的音乐,想象把自己置身于优美的自然环境中。

(三)快乐体育多媒体技术教学模式

体育教师的特长、喜好、年龄、身体素质影响着体育教学的开展。运用多媒体辅助教学可以极大地优化教学环境,克服教师自身条件限制,提高学生学习的兴趣,促进学生主动学习。多媒体的教学在教学内容上更加丰富形象化,在视觉的效果上也增添了许多,能够更好地带动学生兴趣,调节了课堂气氛。多媒体技术可以给学生提供声、光、电等各种信息,使课堂教学变得生动活泼,大大优化了教学环境与教学氛围,使师生之间的信息交流变得顺畅。例如,在讲篮球战术理论时,可以通过播放学生喜欢的美国 NBA 比赛、国内 CBA 比赛的片段,让学生了解战术配合的形式和变化。通过慢放或反复播放,让学生看清楚战术配合中场上队员跑动的路线、采用的系列技术动作等,再加上教师的进一步讲解,达到视听结合、生动有趣、直观形象的效果。体育运动是脑力劳动与体力劳动的结合,缺一不可,单纯靠体力无法学好动作,单纯靠脑力掌握不了技术。因此,学生在心境开朗、快乐的气氛中学习才能达到事半功倍的效果。

(四)快乐体育的理论依据

1.快乐体育教学的生理学依据

传统的体育教学,学生常处于一种迟缓或被动的状态,不会或极少引起神经系统的兴奋,只会影响运动后的食欲、睡眠、工作和学习等。而快乐体育教学后的生理学实践证明,由于人体神经系统兴奋适度,有助于升高血糖的浓度为运动后的学习、工作及时提供能量,有助于提高工作效率。运动带动生理机能转变,使人体的整个神经系统运转,在这样的基础上,对人体大脑产生刺激,带动兴奋,所以才提高了工作效率,这样工作劳逸结合,能更好地保证工作质量。

快乐体育的教学,使学生在和谐的课堂氛围中学习有助于保护心脏,提高心肺功能,避免过强或被动的负荷运动所带来的对心脏的不利因素。

实践证明,以快乐体育为教学手段时,学生的最大负荷强度为 60% 左

右,这种负荷强度对学生的锻炼效果最好,既有利于保护运动器官,又有利于促进青少年学生身体的正常生长发育。强度负荷高也会导致青少年的正常发育,在有限的时间内合理地安排运动量,以快乐体育的基本理论原则来完成教学。

2.快乐体育的心理学依据

在体育教学或训练中,如果运动的性质违背了学生的心理或因为运动的单调、乏味,使学生感到厌烦,欲望受到压抑,行动变得迟缓,将不利于学生良好个性品质的发展。而快乐体育的教学,运动的性质符合学生心理,使他们的情绪变的高涨,心理得到满足,行为变得轻快,教学目标则容易实现。因此要求体育教师在讲授的内容中,既新颖,但又不陌生,而且要通过项目内在特征所产生的特有的乐趣,让学生一旦努力就可以掌握,使其感受到成功的乐趣。

当然我们反对"兴趣中心主义",反对"一切从学生的兴趣出发",在这里,有必要将快乐与乐趣加以区别,快乐是一种愉快的情感体验,而乐趣则是使人产生愉快情感体验的特性,例如,游戏活动能使人产生愉快,这就是快乐,而产生快乐的原因在于它的趣味性,这就是乐趣。因此,我们必须根据不同学段学生的身心特点,对某些运动项目的教材,进行必要的修改,选择容易激起学生乐趣的练习内容,采用生动活泼的教学组织形式,为学生终身体育打好基础。

3.快乐体育不是一种教育方法,而是一种教育思想

新时期的新理念、新策略与新行动迫在眉睫地感召大家去培养学生能终生从事一项体育活动而努力,但是,这培养的方法与手段需要用富有灵活多变、多样化相结合的新体育形式来启动与发展。这就是"快乐体育"带来的理想宗旨。它的良好完善不仅是代表学生将来对体育的永久喜爱与从事,还代表新一代体育教育工作者的成就。快乐体育教学是从情感教学入手,对学生进行以健全的身教和人格教育为目标的体育教育思想,它重视爱的教育、美的教育与各项运动独具的乐趣,强调学习兴趣与创造学习。它不仅把运动和情感作为实现教学目标的手段,而且视为直接目的,让学生喜欢学、乐于学,又让他们知道学习的目的和意义。因此,能激发学生的体育兴

趣，满足他们的学习愿望，有利于培养自我体育能力与完美的人格，为终身体育奠定基础。快乐体育简而言之就是寓教于乐。这是教育艺术的最高境界，也是成功教育的必由之路。

结合快乐体育的定义，研究认为快乐体育教学模式是指以运动为基本手段并采用适宜的教学方法，在科学发展学生身体的前提下，创设生动活泼和谐的教学氛围，使学生得到理性的快乐体验，激发学生的情感，唤起学生的自主性、能动性，以得到全面、主动、充分和谐发展的教学模式。这种教学模式能够较好地提高学生体育学习的兴趣，养成锻炼的习惯，为终身体育的形成打下基础。

（五）现阶段快乐体育教学模式存在的弊端及误区

1.对快乐体育教学模式的概念认识存在问题

从快乐体育思想传入中国到现在的近 20 年的教学实践中，不少体育教师只是把“快乐体育”简单理解为追求乐趣的轻松教育，把“快乐体育”同随心所欲、嬉耍玩乐的活动画了等号在教学内容的安排上过于注重形式和学生获得的快乐心理体验，而忽视了学生身体的科学发展，很显然这样的“快乐体育”已经偏离了教育的本质。这是因为许多学者在研究快乐体育教学模式的过程中，并未对其定义进行认真的学习和思考，只是理所当然地认为教学模式就是教学思想，所以在处理教学过程中存在盲目性，忽视了教学规律，歪曲了快乐体育的真正内涵，这是对概念认识不够造成的。在体育课的教学上，把快乐体育的安排理解为游戏课，对快乐体育的教学模式的一个很大的误区，没有根本的去理解什么是快乐体育教学，快乐体育教学本质没有找清楚，这样对教学的理解意义从根本的教学角度上偏差了，没有教学意义。

2.教学形式与教学内容存在偏差

在前面定义“快乐体育”概念的时候，提到了从情感入手，说明学生在体育教学过程中的心理感受已影响到人们对快乐体育教学模式的要求，因此便出现了不论教材等条件，盲目追求学生的“快乐”，忽视学生寻找“快乐”能力的培养，忽视学生创造性思维能力的培养等情况，这种教学形式偏离教学

内容的现象让人们深思。“快乐体育”固然讲求愉快的学习气氛,但是,以“乐”激趣也并非唯一的良方和途径,这里存在着教学形式与教学内容的统一问题。即在当前快乐体育教学模式中,不论教材等条件,盲目引导学生一乐了之,忽视学生寻找乐趣的能力培养,忽视学生创造性思维能力培养的现象屡见不鲜。

3.缺乏对快乐体育教学模式适用对象的界定

快乐体育教学模式是主要对应某一类教材或某一个年龄阶段的。快乐体育对教学班的人数及场地条件要求较高。快乐体育强调学生自助自律学习、锻炼,其中包括自定目标、自定步骤、自订计划等,就这些并不意味着教师的指导、组织的标准与要求,反而更加增大了难度,加上我国体育教师比例偏少,班级规模大,学生人数多,场地器材不足,就很难根据学生个体需求进行指导。

4.对系统教学具有一定负面性

按照快乐体育教学目标的要求,在体育教学的过程中,鼓励学生的积极思考、主动探索,而且强调学生的选择权。让学生自主选择学习内容这显然需要付出一定代价。首先,学生是受教育者,尚不具备选择未来知识、技术、技能的条件。其次,学生处于人生发展的初级阶段,不具有准确预见社会发展需求的方向和趋势的能力,在时间上占去了很多技术教学的时间,制约了更快更好的系统学习掌握体育知识技能,因此影响了系统教学的质量和进度,带来了一定的负面性。

总结以上内容,整体是对快乐体育教学模式发展现状的认识,主要从“快乐体育”是体育教育指导思想入手,引入到“快乐体育教学模式”定义及其分类,最后着重从“快乐体育教学模式”的特点及其目前实施过程中存在的弊端和误区进行分析。简而言之,当前的快乐体育教学模式不论从教学目标、教学方法、教学组织以及教与学的关系上都围绕教学指导思想,即“以生为本”,但在现阶段,由于受各种因素的影响,使快乐体育教学模式实施过程中与原先的本质发生偏离,包括对该模式的概念认识、教学形式与教学内容不统一、缺乏对该模式适用对象的界定以及对系统教学带来了一定负面性等问题,着重寻找方法解决这些问题,重新建立一个能更好发展学生的体育教学模式是当务之急。

四、体育游戏

（一）体育游戏理论概念的界定

要更加准确地对游戏理论概念进行界定，首先应该了解“理论”是什么，有资料认为理论是“概念、原理的体系”。所以“理论”可以界定为一种能解释某种现象的具有逻辑关系的肯定陈述，它是一定的科学概念、概念间的关系及其论证所组成的知识体系。科学理论是对客观事物的本质和规律的概括性说明，是经过某些实践检验而被验证的假说，所以它是相对真理。科学研究的目的在于探索科学的理论，以认识事物的本质、规律，并用科学理论解释、预测和控制事物现象的变化和发展。所以“体育游戏理论”是关于体育游戏现象的本质和规律的概括性说明，是体育游戏的科学概念、概念间的关系及其论证所组成的体育游戏知识体系。

（二）体育游戏的基本内涵

1.游戏的涵义

游戏的本质是什么一直是教育界、心理学界还有哲学界广泛探讨的问题，并形成了各种不同的理论。

（1）精力过剩说

最早的游戏理论基础是德国哲学家康德提出，以游戏中的想象为基础，他认为游戏是非理性的，游戏是基础心智中进行的。而席勒的研究使得关于游戏角色与人类经验的思想得到了空前的发展，他认为文艺和游戏产生的共同基础是生理上的精力过剩。游戏、文艺的共同特征就是娱乐，而娱乐又是精力过剩的表现，是人们劳动后剩余精力的发泄。席勒把游戏分为两类。一类为“自然的游戏”，另一类为“审美的游戏”。自然的游戏，是指包括人在内的所有动物们的那些游戏，而审美的游戏则只是人类才有的游戏。在席勒的知识结构中还包含了物理性游戏与象征性游戏。物理性游戏需要使用剩余能量，而象征性游戏往往以艺术形式出现，因此认为席勒的游戏理论是通往更高精神层次的导论。

基于康德的游戏理论，英国哲学家斯宾塞继续发展其理论。斯宾塞认为，当我们进化为高等动物之后，时间与精力并没有完全被用于满足我们生存的直接需要。由于每一个具有智力的生物都服从这一条规律，即当它的器官停止活动的间隙比通常时间长时，就变的格外易于活动，因此，当环境准许模拟时，对器官活动的模拟也就轻而易举地代替了真正的活动，于是就产生了各种各样的游戏，至今为止，无用武之地的器官便趋向于多余而无用的活动。同时也出现了这样的一种现象，这些不必要的努力通过那些在动物生活中作用甚大的器官能得到最大限度的发挥。动物不是从事真正的活动时乐意醉心于真正活动的表象，由此产生了各种游戏。在此，斯宾塞认为游戏随种系进化而发展的，进化程度越高，其原始所需要的精力就越少，剩余精力就越多，为游戏的产生奠定了基础。

(2)娱乐放松说

首创于拉扎鲁斯的松弛说认为，人在生活中会消耗脑力及身体上的能量从而造成疲劳，因此需要充分的休息才能恢复身体的正常状态。游戏不仅具有恢复健康的功能而且是恢复能量的理想途径。游戏与工作的不同在于，工作是消耗精力的活动，而游戏是储存精力的理想方式。

帕特瑞克发展了拉扎鲁斯的游戏理论观点，他认为，现代职业由于对抽象推理的要求更高，因此需要后天技能也越高，从而导致了现代的人的精神压力也越大。要解除这种相对个人过度的精神压力所造成的疲劳，需要通过游戏来达到目的。最后他总结得出，“游戏”是由种族习惯和种族记忆激起的儿童热衷于读有关动物的书籍，有关动物的游戏都是原始人以野生或驯化动物为声的反应。

(3)种族复演说

随着人们对自身的了解，美国著名心理学家霍尔接受了人类的胚胎发展史是动物进化过程的复演，并在其基础上，进一步加深了复演学说的思想，将其运用到个体心理发展的学说上。他提出了应该把个体心理的发展看作是一系列或多或少复演种系进化历史的理论，而游戏就是人类祖先的运动习惯和精神通过遗传而保留至今的技能表现。他认为不同年龄阶段的儿童以不同的游戏形式在重演着祖先的各个发展特征。人们之所以对某一类游戏感兴趣就是因为它能接触、复活人类根本的情绪。

(4)生活准备说

德国著名心理学家、生物学家格罗斯从自然选择论角度出发,认为游戏就是对未来生活的一种无意识的准备,是一种本能的联系活动。游戏是人和动物都有的天赋本能活动,是生物不变的本性。他认为每个动物都要有一个准备生活的阶段,都要有一个锻炼自己生存竞争的能力,而游戏是准备生存、练习本能最好的形式,该理论成为西方游戏理论的中心。

(5)成熟说

荷兰心理学家博伊千介克的游戏理论是游戏动力理论的一种。他认为游戏是儿童操作某些物品以进行活动,不是单纯的一种机能,而是幼稚动力的一般特点表现。他还认为游戏不是本能,而是欲望,主要表现为以下三种:排除环境障碍获得自由、发展个体主动性的欲望适应环境、环境一致的欲望重复练习的欲望。

(6)天赋本能论

20世纪德国著名学前教育学家福禄贝尔阐明了游戏的教育价值,并把游戏作为幼儿教育的基础。他认为游戏是组成儿童生活的重要因素,幼儿正是通过游戏将内在的精神表现出来的强调游戏对幼儿人格发展、智慧发展有重要意义;游戏中通过玩具促进儿童觉察到不可直观的世界。总之,游戏是儿童内部本能的表现,儿童正是通过游戏表现其内在的“神的本源”,强调教育要适应儿童的本能,强调成人要允许儿童自由的游戏,从而发展他们的创造及自主性。

以上各个学说对游戏概念的理解虽有很大差异,但它们的关系不是完全地否定,而是批判地继承,虽然有些学说将游戏看作是人先天性的本能、欲望的推动,从根本上贬低甚至抹杀了作为社会人的游戏的主观能动性和社会性,但各学说在理论上具有一定的共性,即游戏的娱乐性。这对于进步理解游戏涵义有一定的帮助。

在游戏的研究中,古今中外的学者提出了多种不同的理论见解,其中包括我国古代游戏理论。也有学者提出从广义上理解,游戏是人类的生存,社会交往过程均属于游戏。从狭义上理解,游戏是指各种有规则限制的、具有开发体力和智力价值的自身娱乐或集体娱乐活动的总称。而在《游戏的秘

密与美好的教育——泛游戏理论及其教育意义》提出了泛游戏理论，认为游戏就是在日常生活的一定时空中发生的活动者超越生活常规或遵守内部规则的自主娱乐活动。也可以说，游戏是活动者自主娱乐的活动，是活动者自得其乐的活动。

总之，对于“游戏”的概念，到现在还没有哪位学者能准确地概括，只是进行了一些描述性总结，但不管怎么样，游戏却一直给人很神秘的思想启示，使人在游戏中能感受以“心”为主导，身心的完美结合的一种活动思想。

2.体育的涵义

在《中国体育概论》中认为体育它是根据人类社会生活的需要，依据人体生长发育、动作技能形成和机体机能提高的规律，以身体练习为基本手段，达到增强体质、调节心理、培养品德、提高运动技术水平、丰富社会文化生活的一种有意识、有目的、有组织的社会活动，及其在人类社会发展中形成的全部财富。在《体育概论》中提出：“体育是以身体练习为基本手段，以增强人的体质，促进人的全面发展，丰富社会文化生活和促进精神文明为目的的一种有意识、有组织的社会活动。”

总结以上可以发现体育的基本内涵是以身体练习为基本手段，全面发展身体增强体质。

3.体育游戏的内涵

体育游戏作为一种社会现象，是随着人类社会的产生、发展出现而演进的。在人类社会漫长的历史中，体育游戏经历了一个由萌生、发展到不断完善的过程。何为体育游戏，有学者提出它是游戏的一种，是以身体练习为基本手段，以增强体质、娱乐身心、陶冶性情为目的的一种现代游戏方法，它是按一定目的和规则进行的一种有组织的体育活动，也是一种有意识的、有创造性和主动性的活动，其基本特征是大众性、普及性和娱乐性。也有资料指明体育游戏是以游戏为活动形式，以身体练习为基本内容，以促进德、智、体全面发展为目的，按照一定规则进行，具有浓厚娱乐气息的身体练习和思维练习方法的一种特殊的体育运动。它对人体基本动作形成、增强人体能力和智力、陶冶情操、培养锻炼兴趣起着积极作用。

综合以上对“游戏”和“体育”涵义的理解，可以明确体育游戏的定义，即

体育游戏是按一定目的和规则进行的一种有组织的，是以身体练习为基本手段，促进人身心的全面发展为目的，是体力活动和智力活动相结合、富有浓厚娱乐气息和鲜明教育意义的自主活动。由于体育游戏理论是游戏理论的一个分支理论，所以它具有完整的有逻辑的游戏知识体系。

（三）体育游戏的特征

体育游戏是在体育运动的基础上，综合人体的跑、跳、投等基本生活与劳动技能及各种体育基本形式，创编出多种形体动作，是按一定目的和规则进行的一种有组织的体育活动，也是一种有意识的创造性和主动性活动。任何一种体育游戏总是具有一定的目的，或是为了传授生活和劳动的技能，或是为了发展游戏者的体力和智力，或是为了娱乐。由于体育游戏是人类有意识的活动，因而在游戏活动的过程中，人们可以创造性地发展游戏的内容，制定游戏的规则，传授游戏的经验，以及不断地创造出新的游戏。第二信号系统在这个过程中起着重要的作用。从这个意义上来讲，只有人类才有游戏。动物虽也有一些类似游戏的嬉戏，但那只是无意识的本能活动，与人的游戏有着本质的区别。

体育游戏的另一特点是有虚构和假想成分及非生产性。在游戏活动中，人们可以扮演各种不同的社会角色，这些角色可以与个人在现实生活的角色毫无联系，在游戏中能摆脱现实生活中的忧愁和烦恼，在带有一定情节性的身体活动中使身心得到发展。体育游戏具有竞赛的因素和有一定的情节，这就增加了它的趣味性和吸引力。同时，游戏总是受一定规则和要求的制约，规则本身有一定的教育意义，可以调节游戏者之间的关系，是游戏得到公正、安全、顺利进行的保证，有助于游戏的发展。它具有趣味性、教育性、竞争性、科学性等特点。

1.趣味性

辞源中说游戏乃“玩物适情之事也”，即游戏是有趣的玩类的事情，它能使人在精神上得到某种欢娱，能满足人们对娱乐的需求。尽管它不能直接创造物质财富，但还是能吸引各种不同的对象主动参加。不管何种类型的游戏，组织参与游戏活动首先是有趣好玩，从中得到欢乐。体育游戏也是如

此,所以趣味性是体育游戏的第一大特征。如果没有趣味性,则不能称之为体育游戏,而只能称之为体育练习或身体练习。

2.教育性

体育游戏是学生的“良师”,是体育老师的“益友”。体育游戏教学丰富了教学内容,激发学生的学习动机培养学生的思维能力、创造能力和竞争力,提高学生的注意力,改善学生的心态完善个性培养学生的意志品质建立良好的师生关系提高学生的身体素质和健康水平,使学生在德、智、体、美诸方面全面发展。

3.竞争性

体育游戏大多都具有以个人或集体取胜为目的的竞争性特征。通常以游戏完成的数量、质量、速度为判别胜负的依据。因此,它充分体现游戏参与者体力、智力上的竞争特点,通过游戏活动可提高参加游戏者的身体活动能力、思维能力、应变能力、创造能力,并在游戏中培养学生团结互助的集体主义精神,参与者在竞争中达到精神上的满足。

4.科学性

体育游戏在组织的过程中要考虑到学生原有的知识、技能、身体素质和训练水平,根据由易到难、由浅入深、循序渐进的原则,对不同年龄和性别的学生要区别对待,科学组织,做到“因材游戏”,同时游戏过程中要密切观察学生身体状况的变化,科学合理地掌握运动密度和运动量。

(四)体育游戏的功能

1.体育游戏可以增强教学过程的娱乐性

所谓“寓教于乐”,是学习动机建立在以需要和兴趣的基础上的,对有兴趣、娱乐性的教学内容,参与者会主动去追寻和掌握,学生也一样。体育游戏活动拥有游戏的基本属性——趣味性,这一特征能使他们产生积极的情感体验,这种情感体验可以影响他们对渗透在游戏中的学习内容产生兴趣,从而引导学生向认识兴趣态度转化,认识兴趣又可引起学习兴趣和需要,两者在游戏活动中互相促进,相互发展,最终提高学生学习的积极性。

体育游戏可以增强学生体质、提高健康水平,体育游戏是游戏的一部

分，同时也归属于体育运动，主要包括促进身体一般发展的活动性游戏和与各种专项运动密切相关的专门性游戏两种，各种运动项目都以肢体活动为手段，活动的内容与形式又是预先设计的，根据运动生理学原理，科学合理地安排体育游戏活动量和强度，对发展身体素质、提高健康水平有积极作用。

2.体育游戏可以促进学生认知水平的发展

体育游戏是在轻松愉快、生动活泼的情境中进行一种复杂的条件反射过程，它取决于大脑皮层对内、外感受器所产生的各种信号的分析能力。在游戏中，不仅需要学生具有较强的观察力、记忆力和判断力，而且要求学生的视、听、触、平衡、时间、空间等感觉灵敏，还需要认识问题、分析问题的能力，从而为学生的智力发展提供途径。

3.体育游戏可以促进学生个性社会化的形成

体育教学中“个性”，是指学生在体育活动中经常表现出来的比较稳定的带有一定倾向性的个体心理特征。在体育教学中发展学生的个性，一般是指发展学生的个体心理特征。而体育游戏的优势主要体现以下两点：一是游戏中，学生不受任何压抑，完全沉浸在欢乐中，在情趣盎然中开朗、活泼、大方等性格得到锻炼，个性发展得到充分体现；二是体育游戏大多是集体活动，学生在游戏活动中都要扮演一定角色，承担一定的责任与义务，这与人际交往中应遵循的道德规范，对学生的行为品德是一种制约，又是一种引导，它是一种加速青少年社会化发展的有效途径。

快乐体育与学生的个性发展存在着辩证关系，一方面是学生的个性倾向性和个性发展水平在运动项目的选择以及参与运动项目的积极性和主动性上充分表现出来；另一方面快乐体育过程又能促进学生个性的和谐发展，帮助学生更深地挖掘从事运动项目的潜力和参与运动的乐趣。这两方面相辅相成，在增强学生体质的基础上，促进所有学生在智力、心理素质、美育和能力诸方面都得到发展。在快乐体育的思想指导下，培养学生的独立性、自主性、创造性以及热爱美、鉴赏美、表现美的情感和能力，丰富精神生活，促使学生个性的全面发展。

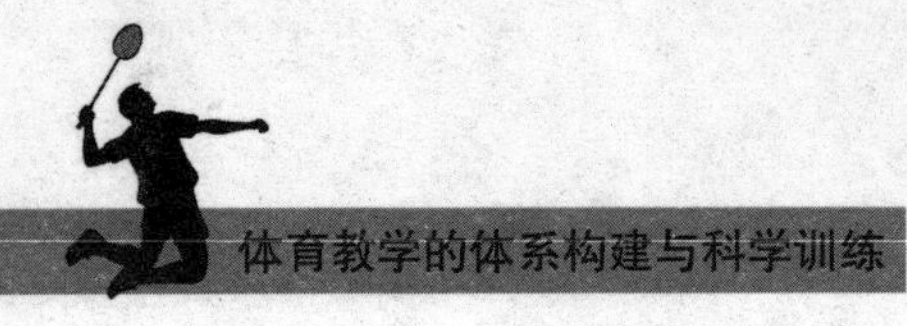

（五）体育游戏在体育教学中的价值

1.促进学生身心的全面发展

游戏是自由的，在游戏中学生可以达到忘我的程度，全部身心融于其中，体验着自由、挑战、胜任带来的愉快，展示着生命的活力与价值，完全不必要考虑练习失败被人耻笑的滋味和被老师训斥的狼狈，在游戏中学生与客体、他人、环境相互作用，借助于不断发展的语言的中介，自由地进行各种模仿、操作与探索，满足着他们探求外部世界的好奇心与求知欲。因此可以说，游戏也是学生发展的动力，是学生获取社会经验的一种独特方式。在游戏中，学生要与同伴交流、协作，共同完成游戏，并严格遵守游戏规则，不断解除活动的自我中心，学会公正的评价伙伴和自己的行为举止，逐步形成对于周围环境的态度，逐渐建立了友谊、公正、负责的观念。

2.促进学生创新精神和能力的萌发

游戏是一种自主、自由、能动、充满想象的主题性活动，游戏的这些品性正是创新意识、潜能得以滋生的土壤。如古代的“蹴鞠游戏”就成为当今风靡世界的足球运动。在游戏特别是假象游戏之中，学生的想象可以上天入地、无所不有，自由驰骋于假象现实之间，在这一游戏氛围中，易于在一些客体与观念之间形成一些独特的关系和联想，一旦日后遇到现实可能性的催生，就会有所创新。诸多体育项目如篮球、跨栏、武术等都来源于生活中的游戏，同样体育教学可以恢复它的本来面目。

归纳和概括以上游戏方面的内容，体育游戏是按一定目的和规则进行的一种有组织的，是以身体练习为基本手段，促进人身心的全面发展为目的，是体力活动和智力活动相结合、富有浓厚娱乐气息和鲜明教育意义的自主活动。体育游戏的特征和功能体现了其在体育教学中的价值，符合“快乐体育教学模式”的要求，这为从体育游戏的角度去研究“快乐体育教学模式”提供了可能性，也为重建“快乐体育教学模式”提供了一个新的思路。

第四章
体育教学方法

“教学方法的体系性”一直是国内外学校教育领域中被关注的主题，也是学校体育研究者提高课堂教学效率的途径。从世界各国的经验来看，不进入教学方法的改革层面，任何课程改革都难以取得实质性的成效，体育教学也是如此。本章即针对体育教学方法进行细致的研究与分析。

第一节　体育教学方法的发展

早在300多年前，捷克教育家夸美纽斯就指出：“寻求并找出一种教学方法，使教师可以少教，但是学生可以多学。”为此，追索教学方法的结构体系，寻绎教学方法体系不同层次的基本特性及方法的合目的性与适用性等问题的研究，一直受到人们的重视。尤其是随着体育新课程的开展，就教法与学法相统一的研究探讨更是为广大教师所关注。目前在众多学者的辛勤研究下，已较为细致地对问题教学法、个别教学法、模式教学法、自主学习法、掌握学习法、程序教学法、发现教学法等新的方法与理论进行了梳理探讨。这些共识的取得为进一步深入探讨体育教学方法体系奠定了基础。目前，从体育教学方法体系研究的现状来看，探讨者寡，成果少，只有在20世纪

末董翠香等提出了如何分类的解析。对体育教学方法体系的系统研究笼统和模糊,亟须关注。诚如毛振明先生所言,体育教学方法研究遗留的课题很多,需要全国同仁共同探讨和确认。

一、体育的理念性教学方法

纵观现代教育发展的历史,几乎每一种成功的教学方法都反映了其特定的教育教学思想理念的方向性,作为其外化形式在实践中发挥作用。教学方法渗透着教育价值判断的取向,任何一种教学方法都离不开价值理念性的指导,体育也不例外。教学方法的改革不能撇开教育思想理念,单纯就方法论方法,这样无论采取何种措施,都不能见到效果。只有把教学方法与教育理念统一起来去认识、去研究、去改革,教学方法在实践中才会有新的突破。因此,理念性教学方法是体育教学方法体系的构成与存在,是体育教学方法体系的组成部分。

(一)理念性教学方法的概念和辨析

理念性教学方法是教学方法的准绳,属于教学方法的上位概念。其体现着各种不同教育理念流派的特定教育价值取向,规范着教学方法的设计、选择与实践方式的行为方向。将教学的思维和行为方式与运用程序和准则进行定位,为教学方法的应用设计提供有力的理论支持,是教学方法实施的重要思想基础。对教学方法的行为的准则性、目标的针对性、实施的程序性、载体的模式性和内容的法定性,不同教育理念流派有不同的表现。

行为主义教学理念强调外在刺激的强化作用,主张通过奖惩物的控制和安排来调动学生学习的需要。

认知主义教育理念注重学生内在的认知需要,主张通过增强教学认知的吸引力来激发学生的学习需要。

建构主义教育理念力求消弭教育将狭隘的理性和抽象的推理过程视为完整人生的标准加以过分强调的弊端。其强调基于学生自身经验和最近发展区的主动建构过程的“情境”“协作”“会话”和“意义建构”的学习机制,倡导把教推向学的新型学习方式,力求为教学发现更多的联合因素。

人本主义教育理念以其独特的哲学认识论，通过对人与世界的诠释，认为人有自我实现的内在需要和独特潜能，因而关注成功体验的作用，重视学习的自由感和成就感，注意发挥学生的主体地位。

多元智能理论使我们深入了解了人类智能的本质，摆脱了传统智商理论的局限，为教育理论与实践带来了突破性的启示。它告诫我们，人没有聪明与不聪明之分，每个学生都有自己的优势智能领域，每个学生都存在八种不同智能不同程度的组合，每个学生都会以自己不同的方法来学习、表征和回忆知识。教学要认识、尊重和充分利用个体智能差异，应针对每个学生的不同需要而使用不同的教学方法，充分发挥每个人的智力潜能，最大限度地利用个体特征促进学习，根据学生的长处与短处致力于学生的整体发展。

后现代主义课程批判了现代主义知识观的僵化、封闭的弊端，以解放知识的多元观和有机观为奠基，提出了以流动性、生态性、交互性、包容性为特征的后现代课程目标观，可为全面审视我国基础教育课程的现状，实现课程的转换及正在进行的新课程改革提供富有建设性的依据与参考。正如布瑞茨曼曾说的："学会教学——正如教学本身一样——是一种过程……在此期间，一个教师做了什么，就是他认识了什么，理解到什么，就做了什么。"

由此可见，理念教学方法不仅是一种教育观，而且是人本观、社会观。一方面，它反映着教学是由社会实践决定的，即教学是社会有机整体的一部分，是随着社会历史发展而形成、演化和进步的，它与社会各因素具有复杂多样的关联性。另一方面，它表现为理念教学方法是一个特殊的观念表现，存在多种多样的社会性和文化价值性的取向，与人的存在形式和生活形式等都存在着复杂的关联，这些因素交织在一起对教学方法发挥着作用，内化于教学的实践活动之中，也体现在教学方法的选择与优化过程之中。它可以使教师反省自己日复一日的教学行为的合理性，重新思考那些习以为常的教学行为，更加自觉地运用教育理论对日常教学进行自我监控和调整，真正实现由"工匠型"到"专家型"教师的转变。

但需要指出的是，理念性教学方法"不具有操作性，不能直接运用于学校各科的教学之中，而是通过影响教学主体的思想、观念，渗透到各科具体教学的设计和实施中"。其宗旨和构想旨在使教师在教学设计时，能够在拟

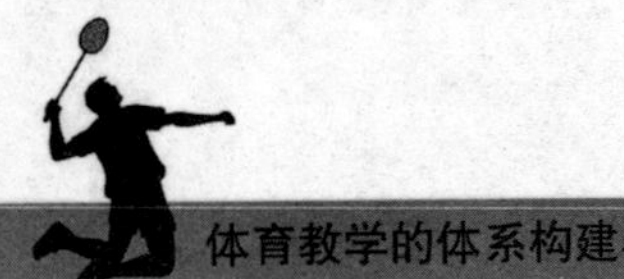

真教育情境中，面对复杂的教育问题做出选择和判断，生成文化自觉的专业性的见识。它能帮助教师从不同的角度、不同的变量和因素去考虑看待教育教学问题，富有成效地思考和提升已有的教育经验，解决基于个体经验教学实践性的决定和决策。恰如美国学者吉布森所说："全球化新教育的思想……给教育研究和实践提供了崭新的尺度。"

这些教育思想观念体系，在教学发展的过程中，从哲学、社会学、文化学、教育学等领域都对教学方法与学生身心发展规律进行了深入探讨，逐步确立了其教学的基本原理与方法，对于改变教师的思维方式，推进教学的改革与发展，优化教学活动，促进学生全面发展，无不具有重要的价值。近年来，随着教育全球化浪潮的不断推进，这些具有深远历史渊源的思潮向教育领域全面涌入，迫使体育教育工作者不得不对其与体育教育的关系重新进行全面深入的研究探讨与思考，以揭示其对我国体育新课程教育与应用的启示。所以，对其进行驻足和研究是必要的和有意义的。

（二）理念性教学方法对体育教学的影响与启示

我国新一轮基础教育课程改革对课程目标、结构、内容、实施、评价和管理进行了全面调整和定位。其观念之新、范围之广、力度之大，是中华人民共和国成立以来前所未有的，也是我国近代教育史上极少见的。可以说，这一新课程改革的形态不同于中国传统教育发展的逻辑，也有别于西方理论视野勾画出来的现代教育形态。其源于中国特色的改革和建设发展模式的勾勒，其源于当代全球化教育新路向的关联，使新课程改革正经历着一场"非古非西"的变革。改革是有意识的前进，就目前体育新课程实施存在的问题状况来看，转变教育和教学的思想，清除头脑中原有的与新课程不相适应的观念，改变与新课程不相适应的教育教学方式和方法，有赖于教育理论的传播，促进教师对其深刻理解，否则，难以使广大基层教师摆脱在体育新课程改革中所面临的困境。由此揭示出如何让广大体育教师如同专业研究者一样，真切感受全球性的、国际化的教育理论，并将其纳入自己的知识体系，进而亲身实践这些理论，转变教育教学行为。应该说，这是摆在当前学校体育面前的一项重大任务。诚如马克思在《黑格尔法哲学批判》导言中指

出的:“真理的彼岸世界消失以后,历史的任务就是确立此岸世界的真理。”

综上所述,教育改革既需要先进教育理念的指导,也需要成功的价值判断的支撑。改革是有意识的前进,有什么样的教学观、学习观就有什么样的教学行动。为此,以下选取一些与体育新课程教学有关联且影响较大的教育理论进行讨论,帮助广大教师加深对理念性教学方法的认识,取其真理为我所用,回应新课程教改的要求,提升其适应性及专业性,促进教师专业化教学能力的发展。

1.行为主义教育理念对体育教学的影响与启示

行为主义教育理念是20世纪教学理论的代表性学派。虽然它忽视了学习过程的开放性和学习中的交互作用,对学生的内因、思想意识和情感意志也未得到应有的重视,孤立于只有知识学习方面的要求,显然是不足与片面的。但它的出现使学校课程教学设计第一次有了系统的、高效的评价方式,为教学组织行为及计划指标的构建、执行、沿用提供了诊断工具和程序,为如何“安排”教学提供了一系列的准则,使教学评鉴有所依据,至今仍是非常可取和不可缺少的。它有以下理念性方法可帮助教师提升教学环境、催化有效教学,使教学生涯走上新的台阶。

行为主义学习理论认为学习的本质是行为的变化,即学习活动发生后,学生要有可观察、可测量的外在变化。要让学生做出合乎需要的行为反应,就必须在行为发生后有强化性的效果。如果一种行为得不到强化,就会逐渐消失。在学习过程中加强练习和反复刺激,是提升学习效果的良好方式。斯金纳认为,教育是按照“刺激—反应—强化”的程序进行的,应将学习内容按照一定的逻辑顺序组合起来,引导学生循序渐进地去掌握,所以强化训练是解释机体学习过程的主要机制。虽然行为主义理论由于过分推崇“学习行为”的量化效率性,忽视了“人”的学习价值,把学习送回“生物的怀抱”。但其强调教学的效率性仍然是现代教学的出发点,也是体育新课程的旨归。

行为主义教学观以“刺激—反应”说为理论基础。桑代克认为,全部教学无非是一种训练——培养对某种刺激引起反应的过程。一定的成绩产生一定的反应,而连接刺激和反应的是知识。这种思想支配教、控制学,教学过程基本上是一种灌输,以生物化的解释,抹杀了教学的社会性。但它改变

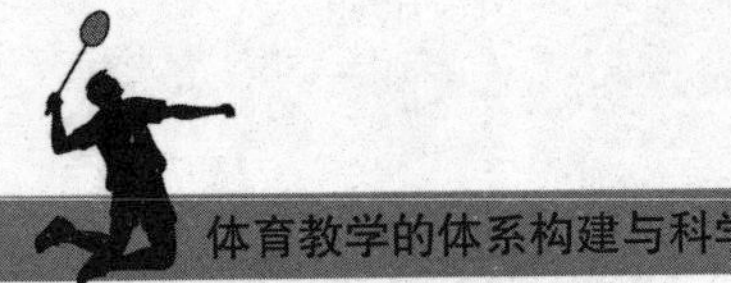

了教学主要凭教师个人经验与体会来指导,没有人来评教的弊端。使教学不再停留于经验的推断而有了确凿的实证分析,增强了教学的精确性、可靠性,体现了现代教学有效性的精神,丰富了现代教学的理论方法。体育新课改初期我们错怪了它、尘封了它、丢失了它,导致体育课教学无密度、无负荷、无评价,没有收获教学应有的实质,不能说不是一个教训。因而它可帮助教师充分认识到影响学生行为的各种因素,通过对因素的操纵,可以预防不良学习行为的发生,并引导其产生预期行为。

2.认知主义教育理论对体育教学的影响与启示

认知主义教育理论是当今世界一种重要的国际性教育思潮。它产生于德国格式塔学派的顿悟学说,继而受认知心理学的影响驻足于知识与人的学习能力、认知能力的研究,使"如何教"的合规律性、合理性等教学论的一些基本问题得到认真探讨。根据受教育者的心理活动规律确立了教学过程和阶段、手段和方法。运用心理学成果及其实证为心理学和学校教育的结合开辟了道路,成为一种有效指导教育教学的理论。由于其只注重知识认知的记忆积累,把学习看成是信息的加工过程,虽然有利于教学内容与计划的完成,但这样的教学忽视了其他各种学习方式的存在,并把它推到了极端。把生动活泼的体育学习囿于认知领域,难以拓宽学生的视野、贯通时代创新的要求,抑制了学生主动性和创造性的发展。虽然后期奥苏伯尔、布鲁纳、布卢姆、加涅等人的新思想促进了从多元的角度研究该理论,但其对"人"的缺陷还是存在的。正如教育家佐藤正夫所说:"它是把教学论解释为教学手段与教学方法的认知研究。"

认知学习理论强调整体学习观,强调教学性创造情境引起学生的反应,重视认知学习理论的操作性,关注目标的预期学习结果,突出了理论与实践的结合。但其较少考虑情绪、意志等因素对于过程的具体作用,把能力仅仅归结为大量有组织的知识,忽视了人的思维能动性的作用,这一点应引起我们的注意。我们应把握认知主义整体教育观,例如,学习是认知结构的形成和改组,重视学生学习的迁移能力、主观能动性等教学设计,可帮助我们优化和提高教学水平。

认知主义教学观反对行为主义教学观限于直悟"刺激—反应"的积累和

学习就是行为改变的结果。强调对教学内容认知逻辑的教法加工,强调对学生学法、认知思维水平的组合。其“发现学习理论”“有意义的学习”等理念打破了长期以来追求高效率学习与对人的发展之间的矛盾,传授系统知识与学习兴趣之间的矛盾。较为契合21世纪教学论发展的时代精神,从中可窥见新世纪教学论解放人的基本特质。

认知主义的教学评价与行为主义如出一辙,以“掌握知识多少”为评价目的。评价缺少全面性,仍然是单方面、直线式、孤立化的评价。以形成性的测试揭示学生学习中存在的问题,协助他们矫正错误,仍然没有改变“分数是学生的命根”的状态。在这样的情况下,少数学生能够得到鼓励,体验成功,大多数学生成为失败者。虽然有布卢姆“掌握学习理论”的存在,但其依旧羁绊在纠正错误、提高成绩的窠臼,缺少对学生发展的教育性与发展性的思考,不适应素质教育评价的要求,应引起广大体育教师的注意。

最后应指出的是:认知主义教育理论揭示了学习过程中的某些机制,对于处理体育学习的认知性内容可给予良好的指导,是教师必备的知识。但它却脱离了社会实践来研究人的认识活动,把学习归结为单纯的心理过程和意识系统,把人的认识活动归结为纯粹的认知行为,甚至类比或等同于计算机对信息的机械加工,从而表露出其片面性。事实上,人的一切自觉能动的活动都应是认知、情感、意志三个子系统协同配合的结果。在体育学习中,学生的学习不仅表现在认知方面,还表现在动作技能、情感、态度等方面;学生的学习不仅受已有认知结构和内容逻辑结构的影响,还受其他主客观因素(如个人的情感、意志、个性,自然环境和人文精神等)的影响。因此,在体育教学中,不能把学生的学习只聚焦在认知上,而忽略其他非认知因素。显然,其存在一些不足,但认知主义教育理论所发挥的作用及在体育教育和教学改革中的引领地位是不容否认的,至今人们对认知主义教学模式依然兴趣盎然。

3.建构主义教育理念对体育教学的影响与启示

建构主义理论是20世纪80年代以后兴起的,是当今世界一种重要的国际性教育思潮,对世界各国的教育产生着重大影响。建构主义是对行为主义和认知主义的进一步发展。与行为主义和认知主义相比,建构主义更加

关注学生如何以原有的经验、心理结构和信念为基础来建构自己独有的精神世界。建构主义教育理念是新课程的支柱，其把教推向学的理论，深深影响到学校教育的各个层面，其对教师地位与作用的看法，对我国新课程教育教学影响较大，其思想和主张已深深地渗透在我国新课程之中，指导着我们的教育教学。建构主义教育理论有以下理念方法，可帮助我们在教学中发现更多的联合因素，体会为“学习而设计”的可行性和有效性，使我们成为拥有新课程知识“财富”的人。

关于学习的含义，建构主义认为，学习是获取知识的过程，但“知识不只是通过教师传授得到的，学生还可以在一定的情境即社会文化背景下，借助其他人（包括教师和学习伙伴等）的帮助，利用必要的学习资料，通过意义建构的方式而获得”。强调学生在学习过程中（“情境”“协作”“对话”和“意义建构”的学习环境），会产生一种与人、事、物的互动或接触，这种互动是一种内化建构的过程。这意味着学习是主动的，学生不是被动的刺激接受者。外部信息本身没有意义，意义是学生通过新旧知识经验间反复地相互作用的过程建构而成的。如“学会数理化，走遍天下都不怕”，但学生偏不学，外部信息本身便没有意义；实施体育选项学习满足了学生的愿望，学生才爱学，外部信息才有意义。

建构主义强调，学生并不是空着脑袋走进教室的。在日常生活中，在以往的学习中，他们已经形成了丰富的经验，小到衣食住行，大到宇宙、星体的运行，从自然现象到社会生活，他们几乎都有自己的一些看法和主张。有些问题即使他们还没有接触过，没有现成的经验，但当问题出现时，他们往往可以基于相关的经验，依靠他们的认识能力，形成对问题的某种解释，做出合乎逻辑的假设。所以教师不能无视学生的这些经验另起炉灶，不能只是从外部装新知识，而要将学生现有的知识经验作为新知识的生长点，引导学生从原有的知识经验中“生长”出新的知识经验。

由于建构主义强调认识主体在知识获取过程中的主动性、独特性和社会性。所以建构主义认为，教学评价应该在活动中进行、在任务中进行、在表现中进行、在协商中进行、在合作中进行。应给学生一个具体、生动的印象，应通过各种形式将上述各种评价情境中的活动式、任务式、表现式予以加深。其理论基础是来自建构主义的认知弹性理论。如前所述，认知弹性理论倡导随机访问教学，而活动式评价由于具有多样性和灵活性，能较好地适应这种教学形式，同时，它能够充分展示学生的个性特征、能力特征和学生的认识过程，是一种非常有效的学生作业评价方式，也是新课程倡导的。

最后指出的是：建构主义教学设计模式关注教学活动中学生的主体性作用，强调学生面对具体情境进行建构的意义，这相对于具有客观主义特点的行为主义教学设计模式和认知主义教学设计模式是一种进步。它使人们重新认识了学习的性质、教师的作用和教学的本质，重新认识了现代化、信息化、全球化时代教学的目的、任务和方法，为我们改革传统教学带来了良方。这是一种极具魅力的教学设计模式，其广泛实施将是一场学习的革命、教学的革命。当然，这些模式还处在不断的争论、发展和完善中，需要研究和思考的问题很多，实施中的挑战亦不可低估。同时，这些模式中过于强调学生的经验、否定教师主导作用的倾向，是不可取的，要坚决予以否定。

4.人本主义教育理念对体育教学的影响与启示

人本主义教育理论产生于20世纪70年代，以马斯洛、罗杰斯为代表。也是后现代教育思潮的一部分在教育中的反映，是在人们为了使教育适应“后工业社会”，对教育的“现代性”进行深刻反思的基础上形成的。以人本主义心理学为基础的人本主义教育理论认为，人生来就有学习的潜能，学生是学习的主体，弘扬个性学习能力的培养，倡导学习的关键在于使学习具有个人意义，现代社会中最有用的学习是了解学习过程，促进认知和情感的统一，以便培养出完整的人。

人本主义学习理论认为，学习是人固有能量自我实现的过程，学习的实质在于形成和获得经验，学习过程就是经历的过程。因此，应从人的直接经验和内部感受来了解人的学习行为。他认为，学习是发挥人的潜能、实现人的价值的过程，在这个过程中，学生的自我参与、自我激励、自我评价和反思具有重要作用。正如人本主义代表罗杰斯所说：“学习即理解，是个人对知觉的解释过程；学习即潜能的发挥，人具有学习的自然倾向或学习的内在潜能，学习是一种自发的、有目的和有选择的学习过程；学习即‘形成’，人在学习过程中获得知识和经验，获得如何进行学习的方法或经验。”

人本主义教学观主张尊重学生的本性与要求，主张教学的职能是“充分地培养出名副其实的人，而不只是提供人力资源”，教学的价值就在于为每个学生提供真正有助于个性解放和成长的经验，教学要重视人的存在，强调学习的内部动机，反对那种过于强调外力塑造和教师权威的教学，注重人性化教学，强调以学生为中心的教学、陶冶情感的教学、成就感教学、安全感的学习气氛。用罗素的话来说，我们不应当把学生当作手段，而应当把学生的发展本身当作目的。这种价值观强调学生的自由与独特性、整体性、自我指导性，认为学生自我学习的理智训练、心智的发展和完善比理性知识的获得更为重要，人格的陶冶比知识的掌握更重要。这种强调学生个体自由发展的教学价值观，与强调满足知识需求的教学价值观相比，给了学生以自主的人的地位，学生已不再被当成是为适应外在环境而被训练的对象，而是在学校和教师的帮助下，完成一定阶段上自我实现的人。正如人本主义心理学家马斯洛和罗杰斯所强调的，教师要尊重学生的兴趣和爱好，尊重学生自我发展的需要，在教学内容设计上给学生充分的自由，允许学生根据自己的兴趣和爱好以及自我理想来选择有关学习内容，而不应该把学生不喜欢的东西强行地灌输给他们。马克思在《资本论》中认为，人的先天和后天的各种才能和志趣是道德和审美能力充分发展的又一个领域，并把其称为“真正自由的王国”。

人本主义评价观认为，用测验成绩的记录表明学生学业等级，有利于选拔优秀生，淘汰差生，对教师了解学生的差异情况也是有利的，但易使差生破罐破摔，偏离学校教育的目的。实行多种水平评价可改变这一现象。从某种程度上讲，多种水平评价不仅可使优秀学生看到自己的潜力，也可以使差生发现自己的进步，以便不断向标准靠近。这符合了教育评价是促进学生发展的目的，同时可激发家长配合学校对学生做必要的鼓励和帮助。正如心理学研究指出，被证明失败的学业评价不但不能激发学生努力，只会强化这种不良后果的再度发生。这是违背基本规律和因材施教的原则的。

最后需要指出的是，人本主义价值观所反映的，是人们站在不同的立场上对教育的不同看法。从 19 世纪中叶一直到现在，造就“完整健全的人”与“满足社会需要的人”两种课程教学价值取向一直处于矛盾之中。教育在当

代社会受到重视的最根本原因是它对社会发展尤其是经济发展具有巨大的促进作用。因此,社会本位的价值取向大行其道并不令人感到意外。但是任何事情都有一个限度,为追求经济发展的目的而忽视学科的自身逻辑,并且在教育中日益压抑人性的发展,应当激起人们的反思。人本主义价值观的出现,提醒人们重新重视课程的学术价值与教育的人文价值是历史必然的反应。在课程教学价值取向问题上,我们走过的弯路太多了。如今,人本主义教育理论已成为国际发达国家基础教育课程改革的主旋律,主体教育、全纳教育已经成了现代课程教学价值取向演变的趋势。我国《基础教育课程改革纲要(试行)》明确提出:“改变课程评价过分强调甄别与选拔的功能,发挥评价促进学生发展、教师提高和改进教学实践的功能。”但人本主义教育过于推崇自我学习,间接否定教师的主体作用,遗忘了学生的知识是在教师的引导下形成与掌握的,学习若失去了教师,也就失去了教育的本质,失去了学生发展的内在依据,因此是不足的,应坚决反对。

5.多元智能教育理念对体育教学的影响与启示

多元智能理论自 20 世纪 80 年代在美国兴起以来,立即在美国和世界许多国家引起强烈反响并获得广泛好评。如今,多元智能理论已经成为各国进行教育改革的重要指导思想和理论基础,在美国有难以计数的教师以多元智能理论为指导进行课堂教学改革,并获得了显著的成效。多元智能理论克服了传统智力观念在认识上的褊狭,提出了更加科学的关于智力本质的观点。这些观点可为我们科学认识智力的本质提供新的教学方法,是人类对智力本质认识的巨大飞跃。

多元智能理论倡导的学习观是每个学生都有自己的优势领域,有适合自己的学习类型和方法,学校里不存在差生。因此教学应该为每个学生创造多种多样的学习场景,给每个学生以多样化学习选择的权利,选择和创设多种多样适宜的、能够促进每个学生全面发展的学习方法和手段,使每个学生都能扬长避短,从而激发每个学生的潜能,充分发挥每个学生的学习个性。为此,加德纳提出了个性化教学。个性化教学是以教师了解每一个学生兴趣爱好、家庭背景、学习风格、智能特点等为前提,进而确定最有利于学生学习的方式与策略,以求学生形成个性化学习方式,获得更好的发展。诚

如布卢姆所指出的:“如果学生在某一个学习领域表现较好,他就会认为自己能胜任学习,并对自己下一步学习充满信心。”

多元智能理论所倡导的教学观是一种“对症下药”的因材施教观:一是针对不同学生的智力特点“对症下药”教学;二是针对不同学生的学习特征“对症下药”教学。由于学生智力表现形式的多样性和复杂性,无论什么时候,不论多么优秀的教师,都不可能找到一种适合所有学生的教学方法。它表明传统“一刀切”的教学与学习方式严重阻碍了学生的个性发展。如果我们考虑学生之间的个体差异,尽可能为每一位学生设计适合其发展的教学与学习方式,那么,每一位学生都有可能得到最大限度的发展。如果教师不能根据不同学生特点不断变化教学方法和手段,就会导致部分学生的智力得不到适当的培养,这对学生个人和社会都是一种巨大的浪费。

多元智能理论的评价观认为,由于受传统的以语言和逻辑——数理能力为核心的智力观念的影响,传统教育把学科分数和升学率作为评价教育质量的主要标准。学校教育教学活动错误地估计了学生的学习潜力,更多地倾向于训练和发展学生的语言和逻辑——数理能力,忽视了对学生其他多方面能力的训练和培养。根据加德纳的多元智能理论,我们就应该摒弃以标准的智力测验和学生学科成绩考核为中心的评价观,树立多种多样的评价观。多元智能理论所主张的教育评价应该是通过多种渠道、采取多种形式、在多种不同的实际生活和学习情境下进行的、确实考查学生解决实际问题的能力和创造出初步的精神产品和物质产品的能力的评价。教师应该从多方面观察、分析和评价学生的优点和缺点,并把由此得来的资料作为服务学生的出发点,以此为依据选择和设计适宜的教学内容和教学方法,使评价确实成为促进每一个学生智力充分发展的有效手段。

最后需要指出的是,多元智能理论的意义当然并不仅仅在于它提出了一种对于智力的新的解释,其更重大的意义在于它给传统教育观念带来了巨大冲击。在教育观念上,多元智能理论为我们提供了一种个人发展的模式,从而使我们能够从一个全新的角度来理解学生的发展,审视我们对学生的评价。这一点对于我国正在展开的素质教育改革,尤其具有重大的意义。对于广大教师和教育工作者来说,把握多元智能理论并真正理解其内涵,从

而树立正确的学生观、教学观和评价观，必将加深对素质教育的理解，推动素质教育进一步走向深入。当然，加德纳的多元智能理论也存在着一定的不足，即它倾向于对学习进行静态性的智力描述，而对学习的动态性智力解释，还有待进一步研究和完善。

二、体育的原理性教学方法

（一）原理性教学方法的概念和辨析

原理性教学方法是人们将教育思想应用于课程实施领域的一种指导性方法，是解决教育哲学思想、教学规律、教学方式与教学实践链接问题，在教育思想与学校课程实施之间发挥中介作用的方法，是教学普适性的方法和技术。它上接理念性教学方法的指导，下接学校不同课程的教学内容，其目的是尝试说明产生优质教学方法的某些基本条件，对各种教学方法应用的可能性做比较分析，努力展示有成效地运用这些程序的条件、范围和广度，力求多侧面揭示方法本质的原理与相对性，弄清各种教学方法的本质和教学过程的职能。正如学者张力为所说，原理是可以转化为方法的，无论哲学原理、科学原理或其他知识领域的原理，都可以在一定的条件下向方法转化。原理本身是关于事物本质和规律性的观点与知识体系。它本身只说明"是什么""为什么"，并不直接解决"怎么样""如何做"的问题。因此，原理本身还不是方法，它只为方法的形成提供理论与科学的依据，属于方法的理性原则。

（二）体育原理性教学方法的建构与运用

按照教学方法的媒介特征、功能和学生学习活动的特点进行分类，原理性教学方法应属于教学策略的范畴，可分为：行为主义原理性教学方法、认知主义原理性教学方法、建构主义原理性教学方法、多元智能原理性教学方法、人本主义原理性教学方法、后现代原理性教学方法。

1.体育行为主义原理性教学方法与其运用

行为主义教育理论强调"刺激—反应"，并把它作为行为的基本单位。学习即"刺激—反应"之间联结的加强，教学的艺术在于如何安排强化，教学

的目的就是提供特定的刺激,以便引起学生的反应,所以教学目标越具体、越精确越好。有以下闪光的理念可为体育新课程改善教学媒介、提高教学效率,为促进教师在特定的时间内完成更多的教学任务,为学生能学到更多的东西提供策略与指导。

观点之一:学习就是塑造行为,外部激励能够推动学习力的产生。教师要掌握塑造和矫正学生行为的方法,为学生创设一种环境,尽可能在最大限度上渲染激励鼓动,强化学生的优良行为,消除学生的不良行为。对学生出现的好行为及时给予各种形式的强化,如赞赏、表扬、榜样示范等,就会使学生保持这种行为,有利于他们提高学习成绩。

观点之二:学生的行为受到环境因素的影响。行为主义认为,强化行为、改变行为的主要动力,是有机体"操作"环境的效果。学习是学生与其所处环境之间相互作用的结果。例如,对于困难学生的学习,运用"成功教学模式"情境,可把学习目标"低起点、小步子"式分解,并且一个一个地予以强化,帮助学生尽可能做出正确反应,使错误率降低到最小限度,从而提高学习效率。

学习效率的实验研究表明,视听并用所取得的效果远远大于纯视觉或纯听觉。多种感官并用,学习效率最高。我们要通盘考虑体育教学情境的各种可能性,协调看待有关体育教学如何根据学生的特征,提供支持交流的教学情境,指明每一类学习结果需要的"适配性"媒介,为学生提供精确的反馈。

观点之三:学习结果的形成主要依靠强化。通过强化练习正确反应,消退错误反应,才能提高学习效果;经过多重强化和连续强化可以把有效的行为保持在一定强度的水平上。在学习过程中加强练习和反复学习,是提高学习效果的良好方式。一种复杂的体育技战术的学习需要通过一系列"刺激—反应—强化"才能实现。

观点之四:学习行为不予强化,则反应就会减弱。例如,教师在课堂上让一个学生做运球上篮练习,学生做得很好,教师就可以竖起大拇指表扬"很好、真棒",那么教师的笑容和评语就会强化(加强)学生行为。学习效果的反馈能够加强学习的机制,要求教师在教学时需要综合考虑以下几方面的因素：

一是在学生学习动作技能时，对学生不论正确还是错误的动作都应给予适当的反应，这是增进教学效果的最关键因素。

二是在学生技能初期练习时，教师应将注意力集中到能够提高技术动作规格的指导中，在尽可能的情况下，通过不断地指导和提供适宜的反馈信息来引导学生练习。

三是在学生技术动作有所提高的情况下，教师应随之提高反馈策略和水平。如在学生技能学习初期阶段讲授粗大动作要领，中期提供反馈指导精细动作要领。教师对动作技能关键点、要点的详细分析，应在学生初步掌握动作技能后进行，而不是在初学阶段。

四是简单动作的练习应尽可能地接近完整的技术动作，而不是对技术动作施以人为的影响。如不能为了使动作完成得准确而降低动作的速率；练习过程应在模仿完整动作或测验的条件下进行。

五是根据记忆规律，过度学习达 150%，保持效果最佳。技能学习后期阶段应采取密集练习，保持良好的质量和持续的时间，以便于技术动作的提高。

观点之五：科学的教学控制和测量有利于体育学习行为的形成。比如，艾宾浩斯遗忘曲线指出，过度学习达 150%保持效果最佳，可克服“体育学习遗忘现象”。比如，20 遍后能恰好一次无误地正确背诵学习材料，这 20 遍便是 100%。如果再继续学习 10 遍，其学习程度为 150%就是过度学习。低于或超过这个限度，记忆效果都将下降。要注意练习内部各要素、各部分之间的组织形式及与时间的衔接。又如，运动技能的应答行为的输入（接收和分析信息）、中间过程（控制和决定）和输出（运动）三个阶段的教学，要把握好过程控制。对于教材的学习来说，最开始学习的内容保持的时间最长，其次是最后学习的内容，中间学习的内容保持的时间最短。又如，有效的教学指导需要周延合适的参考标准，须仰赖教学控制和测量的设计，反馈教材的逻辑性与教学组织步骤性就显得尤为重要。

2.体育认知主义原理性教学方法与其运用

认知主义教育理论强调学习是认知结构的建立与组织的过程，重视整

体性与发现式学习。其代表人物布鲁纳的“发现学习理论”、布卢姆的“教育目标分类学”、奥苏伯尔的“认知同化学习理论”、加涅的“信息加工理论”等,已成为体育新课程改革的支柱,在今天体育新课程的教育实践中发挥着越来越重要的作用。认知主义教育理论有以下经典理念性方法,可帮助教师提升认知视角,确定教学策略,完善教育教学方式和实践指南。

观点之一:布鲁纳的“发现学习理论”。布鲁纳以其对学生认知和发展的大量研究为基础,提出了一系列颇具影响的教学与学习理论。他的教育论著已成为教师案头必备的书目,其中发现学习理论对教学影响十分深远。该理论以关注“学科结构”为开始,以“发现问题”为逻辑,以“解决问题”为手段,以诱使学生由“被动接受”知识转化为“主动发现”知识的积极学习体验为目的。正如布鲁纳所说:“在知识大爆炸时代,应寻求新的方法来向新的一代传授那些正在快速发展的大量知识。”其方式主要是培养学生在完成学习任务时的三个基本行为(主动性、探究性和合作性)和认知取向。

观点之二:布卢姆的“掌握学习理论”。针对传统学科教育片面强调课程内容的难度,导致学生缺乏学习兴趣,不能为广大学生接受,造成大量“差生”的情况,布卢姆提出了“掌握学习理论”。目的一是使大多数学生能够掌握教师所教授的内容,二是为教师找到“为掌握而教”的手段。

观点之三:布卢姆的“教育目标分类学”。布卢姆的“教育目标分类学”被认为是 20 世纪影响最大的教学理论之一。在布卢姆看来,教育目标是组织教学、课程编制和教育评价的基础。因此,对教育目标进行精心设计是掌握学习理论实施的基础和关键。布卢姆认为,可以将所有智力上的成就目标(或教育目标)简单地分为五类:主题知识、与主题相关的专门技能、表现能力、成熟思想和行为习惯以及构成学校智育目标的理解力。主题知识包括明确内容、增加学生理解力的规定与建议,这是教师要教、学生要学并最终运用到真实情境的东西;专门技能是那些与主题相关的具体能力;表现能力是指学生潜在的能力和学习构成中整合的表现力。

因而,可把全部教育目标分为三个不同领域:认知领域、情感领域和动作技能领域。按层次水平由低到高划分为六个类别:知识、领会、运用、分析、综合和评价。每一类别下面又包括一系列亚类。这样整体目标不再聚

为一团,而是分化为可以操作的具体目标。一般的教学目的便和实际教学活动联系起来,教学活动目标具体了,教学评价也就有了依据,改变了过去我国教育教学目标笼统的弊端,比如:“发展学生的运动能力”“培养学生的意志品质”等,这种目标虽然没有错,但难以操作,无法有效评定。

认知领域目标集中在个体智能的增长。它既包括各项运动基本认知能力的获得,也包括更高要求的目标,如解决问题的能力、识别关系的能力、检查原因和结果的能力,以及其他一些被称为理解的能力。学校体育中最基本的外在目标主要是在这一领域。教学任务包含两个系列:一是帮助学生发展一种深层的认知理解力,弄懂完成学校体育教育教学的任务;二是帮助学生发展运动技能,使他们能够自主进行终身体育锻炼。

3.体育建构主义原理性教学方法与其运用

建构主义教育理论有以下闪亮的原理性方法,可帮助教师发现教学中更多的联合因素,体会为学习而设计的可行性和有效性。

观点之一:学习不是由教师把知识简单地传递给学生,而是一个由学生自己建构知识的过程。该理论告诫我们,一是学生对于教师所讲的内容有一个“理解”或“消化”的过程。学生在先前的学习活动和社会生活中,已经掌握了一定的体育知识和思维模式,因此,“理解”就并不只是弄清教师的“本意”,而首先是依据自身已有的体育知识和经验对教师所讲的内容做出“解释”,从而形成对自身有意义地建构“创造性的理解”。因而,体育学习活动就是学生通过自身主动的建构,使新的学习材料在头脑中获得特定的意义,从而在新的学习材料与自身已有的体育知识和经验之间建立实质的、非任意的联系。二是由于学习是学生主动的建构活动,不是学生对知识的被动接受。因此,教师不应仅成为“知识的授予者”,还应成为学生学习活动的促进者。在教师主导学生主体的理念下,教师应驻足了解学生真实的思维活动;发挥“引路者”“启发者”“伙伴者”和“示范者”等多重角色,使学生感到“有趣”“有用”,从而调动学生的学习积极性;促进学生主动建构,帮助学生更好地掌握体育知识和技能,养成终身体育习惯。

观点之二:教师必须为学生的学习活动建构一个良好的学习环境。体育学习活动这一主动建构过程,必然受到教学媒介和外部环境的影响,教师

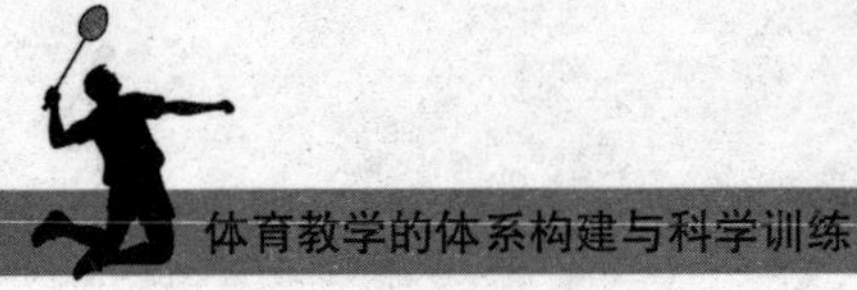

必须根据教学内容和教学环境的具体情况在学生开始新的学习活动前,帮助学生获得必要的经验和预备知识。同时,在组织上,教师还应当努力培养出好的“体育学习共同体”,这个共同体的特点是:每个人都得到应有的尊重和理解,提倡开放性,促进不同设想、不同见解的充分交流,乐于进行自我批评,善于接受各种合理的新思想的一种平等、互动的关系。例如,合作学习小组、小伙伴学习组、篮球爱好学习小组等。

观点之三:教师必须高度重视对学生错误的纠正。学习也是一个“同化与顺应”的过程,并非知识的简单积累,纠正学生的错误在教学中具有十分重要的作用。不仅要帮助学生明确错误原因,同时要认识到学生的错误不可能单纯依靠基本的示范和反复练习得以纠正,还必须有一个“自我否定”“自我反省”的内在“观念冲突”作为必要的前提。因此,有效帮助学生纠正错误,教师应注意提供适当的外部环境来促进学生的自我反省并引起必要的“观念冲突”,如适当的提问和举反例就是引起“观念冲突”的有效方法。

观点之四:教师应充分注意学生建构多元化的特征。由于认识活动是主体主动的建构,学生建构会呈现多元化特征,表现出一定的差异性或个体特殊性。即使对于同一体育学习内容,不同的个体由于知识背景、学习经验和思维方法等方面的差异可能具有不同的学习过程。因此,教学不能仅停留于对共性的普遍认识,还应更为深入地去了解各个学生的特殊性,并在教学活动中真正做到“因材施教”。

4.体育人本主义原理性教育方法与其运用

人本主义提出,教育的目的是培养人格健全、和谐发展和获得自由的“完人”。这样的“完人”,首先是多种多样的潜能得以发挥,表现为各个层次的需要得以和谐实现;其次是情意发展与认知发展和谐统一,包括情感和情绪的发展,认知理智和行为的发展,以及感情和情绪、认知理智和行为发展的统一。为了实现人本主义的教育价值和目的,罗杰斯提出需要建立和实施并行课程(知识课程、情意课程和体验整合课程),组织意义学习作为教学的基本动力。并指出“意义学习理论”具有两种类型:一为无意义学习,这类学习只涉及心智,不涉及情感或个人意义,与“完人”无关;二为意义学习,是指一种使个体的行为、态度、个性以及在未来选择行动方针时发生重大变化

的学习。这不仅仅是种增长知识的学习，还是一种与每个人的各部分经验都融合在一起的学习。

这一思想具有新视野的原理性方法，可帮助我们在教学中体现“自由学习”的教育思想，把握自由学习的度、自主学习的力量，从人文性的角度看待教学、思考教学。现把“意义学习理论”的基本观点整理如下：

观点一：人性有一种天然的学习倾向。人性具有天生的自然性行为（个体情感、意志、愿望、合作意识、创新精神和实践能动性）与表现形式（学习态度、情感态度和价值观），教学与学习应尊重人性的这一重要表现形式。人作为主体，其人格理想是自然性、社会性与自主性的健全发展。作为培养人的学校体育，其价值取向应定位在这种理想人格上，谋求人的伦理精神、审美体验和求真意志的统一，促使体育教学实现这种价值取向成为可能，改变目前偏重技能教育、忽视学生个性和自我意识的倾向，要转而关注适宜学生个性“学习”的多元方式，关注多元智能的开发，情感、意志的发展，健全人际关系的形成，自我认识的提高，实现有利于进行完整的人的教育。

观点二：意义学习通常是在学生认识到学习材料与自己的目的有关的情况下出现的。当学生看出他所学习的东西能够促使其保持和发展自我时，其就会进行意义学习。对学习的意义理解不同，会影响到学习的方向、质量和速度。高中阶段的学生开始意识到他的独特个性，感觉到自我存在的价值，感觉到自我理智的力量、情感的满足、意志的独立与自由，同时，还实实在在地感觉到自我与自然、社会之间的有机联系。因而，着眼于学生学习自然性之发展的体验，不只是指引学生学习认识、控制与利用，更是为了使学生在精神上与自然融为一体，发展学生的自然体验，谋求人与自然的和谐发展，为学生自我体验创造机会。“体验”根植于人的精神世界，着眼于自我、自然、社会之整体的有机统一。正如美国课程论专家休伯纳认为，教育者应努力揭示在课程和学校行为中被隐藏或埋没的道德价值和精神价值。

观点三：许多意义学习是通过学生的实际活动进行的。学生是学习的主人，他们能对教育影响加以选择，而不是无条件接受。纯技术、纯方法化的体育教学和学习，不可能让学生做学习的主人，无法落实发展自我个性，做不到“解放”教学目标，“授人以渔”。为此，在教学与学习的表现形式上，

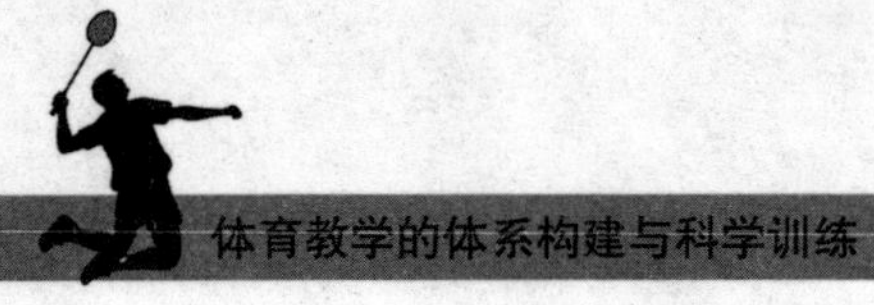

要关注从学习与行为、学习与认知、学习与发展、学习与生理、学习与动机的不同层面的创设,展现多种不同的智能情境和学习情境,以此为依据选择和设计适宜的教学内容和教学方法,才能完成新世纪赋予学校体育的形式教育与实质教育的统一任务。

观点四:学生学习(包括他的认知活动和情意活动的自发学习),往往是最持久和最深入的学习。自发学习的关键是获得学习的自由。学生学习的有效性增强,学习效率就高;学生学习的自信心增强,学习的热情就高。对此,国内学者有总结,例如,"五步教学法":亮——亮学习目标,明确学习任务;议——师生围绕教材,交流议论;练——进行分类练习,巩固和深化新知识;测——根据达标情况,交流学习体会;评——自评、点评、抽样评,让学生了解学习结果。

5.体育多元智能原理性教育方法与其运用

多元智能教育理论与我国多年来倡导的素质教育改革的诸多理念不谋而合,由于其对我国当前教育改革和实践表现出较强的指导性和适用性,因而自引进以来便得到了理论界和实践界的广泛关注和一致认可。目前全国范围内自发或有组织地在本校实施多元智能教育或进行多元智能相关实验和研究的中小学校已有百余所。因此,对其理解与把握是必要的。以下理念性方法,可帮助我们的教育教学思想超越传统狭隘智能的认识,燃发对学生个体学习潜能的理解,为个性化的教与学架起一座希望的桥梁。促使我们从因材施教的"思想范式"看待教育教学,从差异性、生成性、流动性方面思考教育教学,重新审视和比较体育教育教学多余什么、缺少什么、应该为学生做些什么。

观点一:从差异性、生成性、流动性方面思考教育教学。多元智能理论告诫我们,在教学内容上,应当从过去以教材为中心的单一知识内容,转变为以差异性为轴线、以生成性为纽带、与现实生活紧密联系的流动性教学内容。在教学方法上,应当从过去以知识量为目标、以模仿—练习为基本方法的浅层记忆理解、以"练中学"为表现形式的填鸭式教学,转变为以能力为目标、以交互式活动为基本方法、以"做中学"为表现形式的开放式教学。在教师角色上,应当从过去知识的传授者转变为"为学习而设计"的组织者和"个性学习”的设计者。

观点二:对学生个体学习潜能的发展进行施教。多元智能理论告诫我们,教师必须从学生的经验出发,在教学之前认真考虑学生原有的知识经验,使新知识落在学生“最近发展区”,与学生的个体潜能紧密结合。教师在教学过程中应适时地给学生提供独自组合、批判和澄清新旧知识差异的机会,进而使学生建构自己新的认知结构。教师要创设良好的学习情境,建构适当的问题情境,注重现有教学内容的调整,使学生在认知上产生冲突,从而发挥学习的主动性、积极性和创造性。

最后需要指出的是,多元智能学习理论还不成熟,在实践应用中不可照搬、盲目推崇、断章取义、生搬硬套、误用和滥用,否则将严重阻碍和影响多元智能理论真实功效的发挥。因此,结合实践及时对该理论进行反思,保持正确的认识和准确定位,对于该理论实施的顺利进行是非常重要的。但是,并不是所有的学习领域和学习主题都需要多元智能的组织形式,也不是所有的学习领域和学习主题都需要多元智能的学习方式,世界上没有一种万能的方法能统领教学实践。教学实践证明,多种方法结合才能有的放矢。

三、体育的操作性教学方法

(一)操作性教学方法的概念和辨析

操作性教学方法是学校教授各门课程独有的教学方法的总和。每种方法具有的特性,只适用于特定的科目学习与固定的程序和方式,具有“方式的具体性”“内容的特定性”“程序的稳定性”和“应用的可操作性”等特点,是落实在教学行为和手段上的具体方法,或者叫“学科具体教学法”。正如有的学者认为,学科具体教学法与特定的教学内容相结合,具有相对固定的教学程序,运用一些特定的教学方式和手段,诸如讲授法、演示法、练习法、游戏法、竞赛法等。学科具体教学法使用的合适与否,与教学内容的契合程度存有关联。要注意两个方面:第一,方法本身的合理与否,比如分散练习法用于新课教学上可能会不合适;第二,方法使用的合适与否,比如发现法中教师急于告知学生结果就不一定合适。因此,每种方法都有其优点和缺

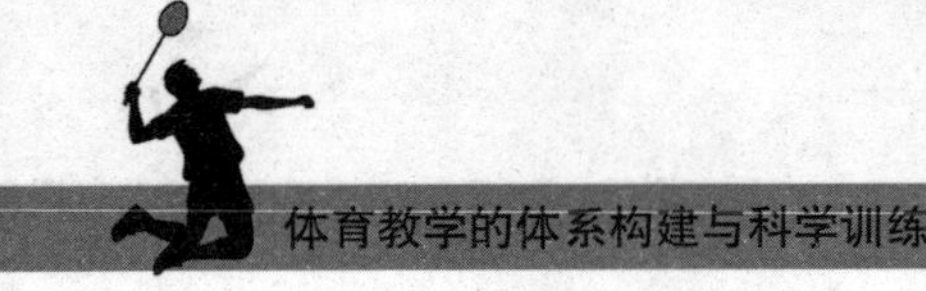

点，当一种教学方法产生合适的效果时，它就有效，反之就无效。

（二）体育操作性教学方法与运用

1.行为主义“程序教学法”

程序教学法是行为主义教学的经典，对世界教育产生过深刻的影响，至今仍被教学使用，其教学方案有很多特色值得我们学习、领会和选择运用。根据斯金纳的设计，程序教学的过程是把教学内容根据学习过程分解成许多小步骤，并按一定逻辑排列好。每一步骤根据学生回答问题后，通过出示正确答案，使他们确认自己反应的正误，然后再进入下一步骤的学习。如领会式教学模式，在快速跑学习中，教师首先让学生带着问题练习，然后提出为什么有的同学跑得快，有的同学跑得慢，让同学们进行总结。紧接着让同学们再练习，再总结，在做中不断改进与提高，从而完成学习目标。根据斯金纳的程序教学理论，体育的学习机制主要可以包括以下几个指导性原则。

小步子原则：是指把运动技能的学习内容按其内在逻辑关系分割成许多细小的单元。这些小单元称作小步子。分割后的小单元按一定的逻辑关系排列起来形成程序化教材，以确保学生由浅入深、由易到难、循序渐进地学习。这个原则在今天看来仍有一定的价值，尤其是对当前体育新课程改革中提出的单元教学起着重要的作用。但需要注意的是，在单元的划分上要由具体的教学性质和任务来确定步子的大小，不能完全像斯金纳主张的那样步子分割得越小越好。

积极反应原则：斯金纳认为，传统教学主要是教师传授知识、学生被动接受知识的过程，学生很少有机会对每一块学习内容做出反应。要改变这种消极学习的现象，就要求学生在上述“小步子”（每一单元）的学习内容中做出积极的反应。体育教师要注意按单元内容之间的联系组合起来进行动作示范，要求学生“跟我学”，并通过练习、展示等方式使学生做出反应，引导学生一步步循序渐进地掌握技能，以保持积极、持久的体育学习动机，提高学习效率。

即时反馈原则：是指当学生展示所学运动技能（做出反应）后，必须及时让他们知道他们的反应是否正确。这就要求体育教师对学生的“反应”给予

“即时确认”。尤其是对学生做出的正确反应要给予及时强化,从而提高学生学习的自信心。体育新课程所强调的体育学习评价的反馈与激励功能,就是建立在此基础之上的。

自定步调原则:是指在体育学习中应该让学生根据自己的基础和潜力制订学习计划,培养学生自主学习的能力,强调个体化的学习方式,并不断通过练习纠错、评价反馈等措施,引导学生达到学习目标。

低错误率原则:是指在小步子的体育学习内容引导下,学生可以尽量避免出现错误的“反应”,提高学习效率。

该设计比较突出的优点在于它能保证学生在学习中得到即时反馈,使学生在每一步学习(小步子)上都得到强化,较好地适应了差异性和多样化的个体需求,从而克服传统教学设计中过于侧重整体而忽视个体的不足。

2.认知主义“先行组织者策略”

先行组织者策略是认知主义教学的经典,其基本主张与我国课前预习相似,已经自觉或不自觉地渗透到我们的教育教学之中,成为新课程教学理念的重要支柱。下面对其理论的由来、背景、方式和策略进行评述,供我们学习、领会、选择运用。

先行组织者策略简介。组织者是个比喻,就是用以帮助学生对新知识和旧知识之间加以组织和连接。如果在讲新知识之前先呈现“组织者”(即所谓的先行),那么就成了先行组织者。犹如我们来到一个大城市之前,手中有了一张地图,边走边看就不会迷路。同样学习新知识之前,如果手中有了一张“认知地图”,就可以增进对新旧知识的理解。奥苏伯尔非常强调有意义学习,其重要的教学策略——先行组织者就是根据这个原理而产生的。奥苏伯尔认为,当学生认知结构中没有适当的上位观念可以同化新观念时,教师可以在教新观念之前,给学生一个引导性的材料,它比将要学习的新材料具有更高的概括程度。然后,学生利用这一材料去同化新的学习材料。这就是先行组织者的基本原理,通过先行组织者,可帮助学生对所学内容进行加工。

先行组织者的程序。先行组织者由两个阶段组成,每一阶段都遵循奥苏伯尔信息加工的原理。

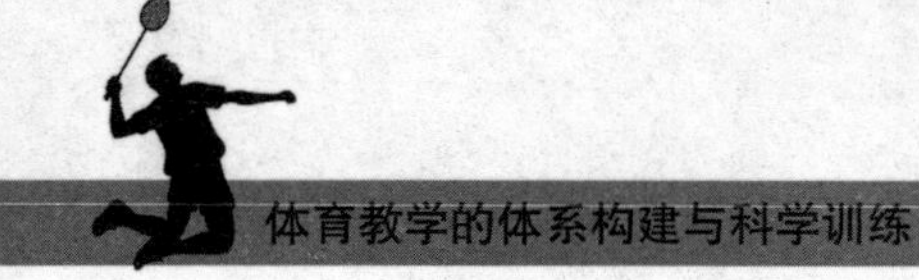

①呈现先行组织者。教师在让学生确定目标后,向学生提供先行组织者。教师要向学生解释组织者,因为先行组织者本身也是一种观念或是一个概念。必要时,教师要向学生列举组织者的基本特征,解释特征并给以例证,帮助学生理解组织者,但呈现组织者应该是简明扼要的。在这一阶段的最后,教师要提醒学生意识到自己认知结构中与组织者和学习新材料有关系的知识,以便学生能更好地利用组织者同化新的学习材料。

②呈现学习任务或学习材料。在这一阶段,教师将遵循逐步分化的原则将学习材料呈现给学生。“逐步分化”是奥苏伯尔组织教学内容的原则。在教学过程中,“逐步分化”是将较大范围的概念分化为较小范围的概念。也就是将概念分化为不同的层次,使学生独立学习不同层次的知识,了解不同层次知识之间的关系,形成良好的认知结构。

先行组织者的新进展。近年来,研究者们在奥苏伯尔“先行组织者”概念的基础上,提出了更为宽泛的“组织者”概念,即认为“组织者”一般在要学习材料之前呈现“先行组织者”,但也可以放在学习材料之后呈现。它既可以是在抽象、概括水平上高于学习材料的知识,也可以是具体概念,在抽象、概括水平上低于学习材料的知识。总的来说,“组织者”可以分成两类:

第一类是陈述性组织者。陈述性组织者与新的学习产生一种上位关系,目的在于为新的学习提供最适当的类属者。如“什么是篮球”等指向概念和特征的范畴。奥苏伯尔等人在20世纪60年代进行了一系列实验。他们发现,通过给学生提供一些适当的陈述性组织者,可以使新知识与原有认知结构快速发生联系,有助于学习。研究表明,“组织者”对言语和分析能力较低的学生可以起到更大的作用,因为这些学生自身不能发展一种适当的图式把新旧材料联系起来。陈述性的“组织者”不仅用他们能懂的语言为学生提供了适当的固定学习点,而且也促进了他们有意义学习的倾向,避免了不必要的机械记忆。

第二类是比较性组织者。比较性的组织者用于比较熟悉的学习材料中,目的在于比较材料与认知结构中相类似的材料,从而增强新旧知识的可辨别性。通过大量的研究发现,比较性组织者指出了新旧知识的异同,增强了原有的起固定作用的观念的稳定性和清晰性,所以当先学的知识不稳定

和不清晰时，采用一个比较性“组织者”比过度学习新材料效果更好；当原有的知识本身就已经很巩固和清晰时，提高可辨别性的唯一方法就是过度学习新知识。

这一命题揭示，在陈述性知识的概念或原理的学习中，呈现一系列相关的比较材料，以便连续比较概念的有关特征与无关特征，有利于促进概念的形成。有时，即便没有实际呈现比较性组织者，但只要学生形成了一种比较新旧知识的意愿，同样可以促进学习。

无论是陈述性组织者（陈述性知识），还是比较性组织者（程序性知识），在策略运用中都要注意两点。第一，教师要慎重选择教学内容的难度。教学内容必须适合学生的能力水平，一方面要简化教学信息，另一方面要能产生新的信息，有利于知识的运用。第二，教师呈现教学内容时，要遵循“不断分化”和“综合贯通”的原则。从纵的方面来说，要遵循一般到具体、不断分化的原则；从横的方面来说，要加强概念、原理、课题乃至章节之间的联系。教师在教学中应引导学生努力探讨观念之间的联系，指出它们的异同，消除学生认识中表面的或实际存在的不一致点，把握概念、原理的本质。

3.建构主义教学策略

下面我们具体介绍在建构主义教学模式中，三个较有代表性的、成熟的教学策略：抛锚式教学（即情境教学）、随机访问教学和支架式教学。这些教学模式能够帮助我们正确把握体育教学设计、优化课堂学习、增进学生的理解力。

（1）抛锚式教学

抛锚式教学也称为情境教学、实例式教学或基于问题的教学，就是根据事先确定的学习主题在相关的实际情境中选择某个真实事件或真实问题，在课堂上展现出与现实中专家解决问题相类似的探索过程，教师提供解决问题的原型，并指导学生的探索。这种教学使学习在与现实相类似的情境中发生，以解决学生在现实生活中的问题为目标，对于培养学生解决问题的能力和探索精神有重要作用。

该模式主要强调以技术为基础的学习，是由美国温特比尔特大学皮博迪教育学院认知与技术课题组在布朗斯福特的领导下开发的。抛锚式教学

设计的主要目的是“使学生围绕一个完整的问题情境,产生学习的需要,并通过镶嵌式教学以及学习共同体中成员间的互动、交流,使学生在探究事件或解决问题的过程中自主地理解知识,建构意义”。

抛锚式教学设计有三条重要的原则。①教学活动紧紧围绕某一“锚”来设计。“锚”即某种类型的个案研究或问题情境。这种教学要求建立在围绕探索问题的基础上,因而被形象地比喻为“抛锚”,因为这类事件或问题被确定了,整个教学内容和教学进程也就被确定了(就像轮船被抛锚固定一样)。②教学的设计应允许学生对教学内容进行探索。如允许学生探索问题的多种可能解答、发展有关体验的表征、自己生成项目等。③抛锚式教学由5个基本环节组成:围绕问题、确定情境、自主学习、合作学习、效果评价。其目的是培养学生解决问题的能力,让每一位学生成为实践者。

情境教学不仅是建构主义教学观的必然要求,同时也得到认知心理学的支持,叫作“情境认知”。这一领域的最新研究表明,认知活动具有情境关联性,即特定“情境”或“场合”不仅能够决定我们对事件意义的理解,还能影响我们的知觉内容及学习方式,并且会对记忆产生深远的影响。

(2)随机访问教学

随机访问教学也称随机通达教学,是基于建构主义学习理论的“认知弹性理论”发展起来的。认知弹性理论认为,人的认知随情境的不同而表现出极大的灵活性、复杂性和差异性。基于认知弹性理论的随机访问教学,是指对同一内容的学习安排在不同时间多次进行,每次的情境都是经过改组的,而且目的不同,分别着眼于问题的不同侧面。也就是说,学生可以随意通过不同途径或不同方式进入同样教学内容的学习,从而获得对同一事物或同一问题的多方面认识与理解。这种教学避免抽象地谈概念的一般运用,而是把概念具体到一定的实例中与具体情境联系起来,有利于学生形成背景性经验,并可针对具体情境指引问题的解决,以使学生对同一内容或问题进行多方面的探索和理解,获取多种意义的建构。这里的“访问”原是计算机科学术语,主要指在互联网上对不同网站进行搜索。“随机访问”即自由地、随机地从不同角度访问、探索、建构同一内容。这实质上是“换一个角度看问题,换一个情境解决问题”的教学模式。

(3)支架式教学

建构主义倡导的“支架式教学”,是在苏联著名心理学家维果斯基理论的基础上发展起来的。他在“文化—历史心理理论”的基础上提出了著名的“最近发展区”理论假设。他认为,儿童的心理发展存在两个水平:第一个是“实际发展水平”,第二个是“潜在发展水平”,两个水平之间的区域为“最近发展区”。支架式教学的基本特征是重视社会交互知识和文化在知识理解和意义建构中的作用,认为儿童认知能力的发展不仅是一个个体的过程,还是一个社会和文化的过程。这种教学模式是社会性建构主义教学观的集中体现。

“支架”原意是建筑行业使用的“脚手架”,这里用来形象地说明通过一套概念框架帮助学生理解特定知识、建构知识意义的教学模式。通过支架(教师的帮助)把管理学习的任务逐渐由教师转移到学生手里,最后撤去支架。这里用来比喻对学生解决问题和建构意义起辅助作用的概念框架。它根植于学生的“最近发展区”,通过支撑作用,学生的认知发展不断从实际水平提升到潜在水平。教师的作用就在于使这样的概念框架尽可能完善。支架式教学包括以下几个环节:

①预热:将学生引入一定的问题情境,并提供可能获得的工具。

②探索:由教师为学生确立目标,用以引发情境的各种可能性,让学生进行探索尝试。在此过程中,教师可给以启发引导,提供问题解决的原型,尔后逐步增加问题的探索性成分,让学生自己去探索。

③独立探索:教师放手让学生自己决定探索的方向和问题,选择自己的方法,独立进行探索。这个环节,不同的学生可能会探索不同的问题。

另外,当今的建构主义者重视教学中“学习共同体”——成员间的相互作用,合作学习、交互式教学已在我国新课程体育教学中提倡采用。

4.人本主义教学策略

下面列举一些人本主义教学理论在教学中以有意义操作任务为情境的教学设计模式,包括非指导性教学、学习者中心教学、成就感教学等。由这些模式所统领的教学能够激发学生“亲其师、信其道”,使体育课堂学习和谐活跃,产生激情,有效地推动学生非智力因素的发展。

(1)“非指导性”教学。“非指导性”教学模式是以人本主义心理学为基础,着眼于学生人格发展,以学生为中心的教学模式。其理论强调学生“自我实现”潜能的作用,教师仅仅起“促进”作用,所以叫“非指导性”教学。罗杰斯认为,传统教学中的“教授知识”最多是教给学生一些陈旧过时的知识,这种“依赖知识、依赖训练、依赖接受某些被教授的东西是毫无用处的”。“非指导性”教学理论首先基于对人类的基本信任,相信人类的天生潜能是积极的,只要后天提供一定的条件,潜能就会自然而然地释放出来,潜能也因而得到实现。

(2)学习者中心教学。该主张认为教师要成功进行以学生为中心的教学,必须具备以下几个特质:①信任学生:如果教师能相信学生具有发展自己潜能的能力,则应该允许他们有机会选择自己的学习方式;②真诚的态度:卸下教师的面具,感知学生的心理感受,体谅学生;③尊重学生:尊重学生的人格、情感和意见,不随意批判学生,不使学生感到威胁;④了解学生:深入了解学生的内心反应,并设身处地地站在学生的立场了解其学习过程。

(3)人性化的教学角色。该教学模式强调个人选择、师生关系及班级气氛等条件的重要性。良好的师生关系不但能增进学生深入学习或了解自我,而且是有效教学的特征。基于此,教师欲使教学有效,必须设法与学生建立良好的关系。

(4)安全感的学习气氛。一个班级是一个小型的社会体系。从班级心理学的观点来看,学生只有在没有被威胁的情况下,才有可能进行最容易、最有意义及最佳记忆的学习。如果班级是一个使学生受到羞辱、苛责、轻视或贬抑人价值的地方,自然威胁到学生对自己的认知,也干扰学生的学习。例如,阅读能力差的学生被指定在班级中大声朗读,行动笨拙的学生被强迫参加竞技比赛,这些学生的自尊心必然受到伤害,觉得没有安全感,因而会产生拒绝学习或逃避学习的倾向。

(5)成就感教学。人本心理学家强调个人的自我知觉是决定行为的基本因素。为了培养学生积极的自我观念,学校应重视成就感教学,使学生在学校活动中获得成功的满足,肯定自我价值,逐渐形成一个健全积极的自我观念。在教学中,应依据学生的个体差异因材施教,实施个体化的教学,减

少学生在团体中的挫败感。在评价方面,应重视学生的自我评价,避免学生间的相互比较。

(6)价值澄清教学。价值澄清教学承认人有选择的自由和自我决定的能力,它通过一些教学活动,协助学生对自己的信念、情感、行为做自我分析和自我反省,从而理清自己的价值观,确立自己的形象。

(7)陶冶情感的教学。人本主义心理学家认为将知识与情感的教学分开是一件不可思议的事,这两者是相互关联,相辅相成的。在陶冶情感教学方面,人本心理学家提出下列重要的教学策略:①在教学中,教师宜将自己的真情流露,使学生了解自己的内心感受;②教师要了解学生的需要和情感,并协助学生建立积极的情感;③教师应安排适宜的情境,使学生有机会探索自己的情绪,或学习感知别人的情感,以及得到被尊重、被接受和被了解的经验。

人本主义的这些诉求指出了现代学校的"未完成性",无疑对当代体育教育改革有较大的启迪作用,值得从事体育教育的工作者高度重视。具体地说,其对体育教育教学的影响与启迪在于:

第一,体育教育的途径应重"自我实现",促进学生的全面发展。人本主义主张教学要激发学生的潜能,重视学生的意愿。因此,体育教学必须坚持"以人为本,促进人的全面发展"的教育方向。一方面它使每一个学生都投身到体育活动中,并在体育活动和身体锻炼中得到提高,体验到体育的乐趣,领略到体育的魅力;另一方面它主张因材施教,防止了体育教学中"吃不饱"与"吃不了"的现象出现。因此,它能帮助学生找到一条最能有效发挥他个人创造性和个性才能的学习途径与策略,鼓励学生去发现和发展最适宜自己的活动内容、活动方式和活动习惯,激励他们超越自我、体现个性、实现自我。

第二,体育教育的模式应"授人以渔",鼓励学生自主学习。人本主义强烈反对以教定学的行为,主张"非指导性"教学与自我实现论。为此,体育教师不应只传授学生体育技术技能和基本理论知识,更重要的是要培养学生自主学习的能力,即所谓的"授之以渔"而不是"授之以鱼",使其形成终身体育的习惯。

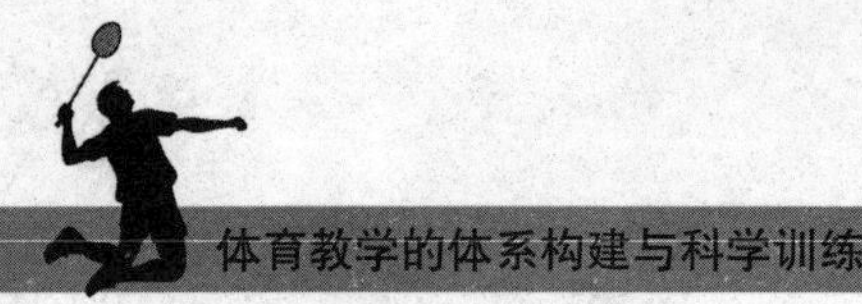

第三,体育教育的方式应重“意义学习”,复现知识的多维面孔。人本主义强烈反对重知轻情,或知情分离的传统教育,提倡人本主义的意义学习。意义学习不单纯追求增长知识,更看重在这一过程中把每个人各部分经验都融合在一起。在罗杰斯看来,学习是一个有、无意义的连续体。在这个连续体的一端是无意义学习,这是一种机械灌入式的学习,不仅不能引起学生的兴趣,而且会成为学生的一种沉重的学习负担,使学生感到厌烦、枯燥。而在连续体的另一端是有意义学习,这是一种“自我主动的学习”,能使学生的自我潜能充分发挥出来,成为富有创造性的、人格健康发展的、能进行自由选择并为这个选择负责的人。

第四,体育教育应重视培养学生良好的道德品质与行为习惯。人本主义学习理论强调道德教育,认为理想的学习是将道德教育贯穿于教学之中,渗透于实践学习过程的各个环节,使学生寓教于乐,在不知不觉之间形成健全的人格。

最后需要指出的是,“非指导性”教学模式针对传统教学只注重人的理智发展、片面训练人的认识能力、忽视学生情感培养的弊端,提出教学目标应该以人的本性为出发点,把教学作为促进自我实现的工具,开发人的创造潜能,形成人的独立个性,最终目标是培养真正自由独立的、知情合一的“完整的人”,这些都是值得提倡的。但是它过分强调以学生为中心,必然会削弱教师在教学中的作用。同时,完全放弃课程内容对学生的教育作用,对教学可能也会产生不利影响,应坚决摒弃。

5.多元智能教学策略

加德纳认为,教学目标的多样化和教材选择的多样化是实现个性化学习内容教学的关键。为此,有分层次教学、以强带弱发展性教学、多维目标发展教学等教育教学法供我们学习、领会与运用。

(1)分层次教学。根据布鲁姆的目标分类法,可将学习内容分类呈现,以适应不同水平学生的需要:①通过预先考察学生的技能和水平,再根据学生的智能强势与弱势程度为他们搭配好合适的学习活动;②给学生提供机会让他们实践运用所学的技能;③准备相关条件,满足理解水平不同的学生的需求。

有以下实施途径，利用学生已有的兴趣设计教学过程：

一是以学生强势领域的知识与技能作为学习新技能和新知识的桥梁，提高学习动力，显示所有学习之间的关联性。

二是使学生掌握与应用运动技术是提高学生运动兴趣和积极性的重要保证。学生只有会用运动技术并不断提高运动技能，才能真正体验到运动的乐趣，运动兴趣才会越来越高。

(2)以强带弱发展性教学。多元智能理论告诉我们，每一位学生都同时拥有智能的优势领域和弱势领域，而且提出在每一位学生充分展示自己优势领域的同时，应将其优势领域的特点迁移到弱势领域去，从而促使其弱势领域得到尽可能大的发展。因此，教师要对每一位学生的优势潜能给予充分的肯定和欣赏，树立学生的自尊心和自信心。同时要自觉地为每一位学生设计“因材施教”的方法，采取多种形式，在多种不同的学习情境中进行。帮助学生发现其智能优势领域和弱势领域之间联系的切入点，为学生提供运用自己的运动智能强项来发展弱项的机会，引导学生有意识地将其从事优势领域活动所表现出来的智能特点和意志品质迁移到弱势领域中去，从而使学生的学习能力得到均衡发展，使教学名副其实地成为促进学习能力充分发展的有效手段。

(3)多维目标发展教学。我们应认识到今日课堂中呈现出来的学习的多样性，例如：

①确信学生有不同的学习需要、专长、风格、兴趣和偏好。

②主张为学习而设计的教学原则，为所有学生设定学习目标。

③在教、学以及评价方面都增加多样性，以满足更多学生的要求，适应学生的偏好、风格、兴趣以及专长。

④了解学生已经掌握什么，能做什么。认识到不是所有的学生都会以同样的方式做同样的事情。

⑤诊断出学生的需要，制定学习任务，使学生能依据自身的需要、风格或偏好来学习。

⑥培养学生做适当选择的能力，让他们决定怎样学习，怎样最好地展现自己所学的知识。

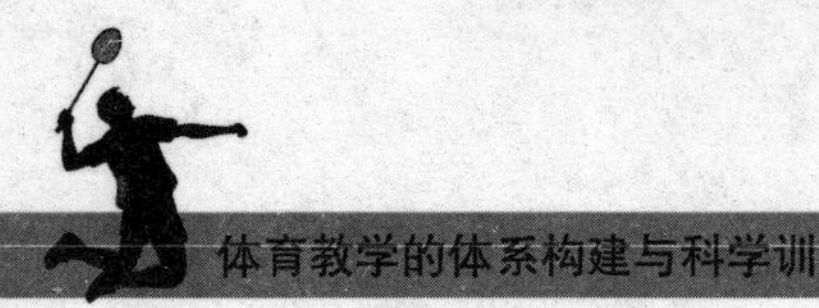

⑦设计差异式(层递式)学习任务,更好地适应学生特殊的学习需要。

⑧使用弹性教学分组策略,为学生提供机会,让有相同需要、风格或者偏好的学生一起学习。

⑨认为所有学生的学习成果都是重要的、有价值的。

⑩创建公平的程序评价学生的学习,并为其评分。

最后指出的是,为了帮助教师更好地了解儿童各种智力的表现特点,较好地发现学生的各种潜能并使其得到尽可能大的发展,有必要制定多元智力评估核查量表。该量表不是为了测试孩子有多聪明,而是帮助教师和家长了解孩子将来可能有杰出表现的倾向,从而进行适当的教育。

四、体育的技巧性教学方法

技巧性教学方法是教学的艺术性层面,或者叫"教学艺术性"。教学技巧是教学方法在具体场合的运用,它融合了教学方法的技术层面(教学策略)与教学方法的操作层面(学科具体教学法),是教学方法的最终落实和实际呈现,因而体现出不同教师的个人色彩。优秀教师凭借其独特的教学经验、个性品质、能力修养以及教学机制等,使教学方法达到了"教学艺术"的境界,形成了独特的"教学风格"。从这个意义上讲,教学方法不仅仅是艺术技巧,也不仅仅是教学方法,它是一个教师在课堂里的生命绽放。正如苏霍姆林斯基在《教育的艺术》一书中所说:"教学和教育过程有三个源泉:科学、技巧和艺术,谁要领导好教学和教育过程,谁就要精通教学和教育的科学、技巧和艺术。"也如1613年拉特克所说,教的技巧应列入成功教学的基本要求。一般表现在三个方面:一是教学内容的认知性加工;二是教学环境的情趣性加工;三是教学组织的活动性加工。

(一)体育课堂教学的设计与策略

体育课堂教学的设计与策略、具体形式与方法多种多样,关键在于教师依时灵活运用,精心设计。应根据具体的教学对象、条件设施等来做这件工作。下面的高中一年级篮球的教学策略的案例供大家参考。

(1)引起注意,唤起兴趣和动机:聚焦任务,围绕"新的技能对我的学习

有什么好处”展开。

(2)提出教学目标:明确要学习什么样的技能,说明将要学习的程序和应用范围。

(3)新课概览:用组块的方式预览程序,对学习什么和如何学有一个大体的了解。

(4)回忆原有知识:复习相关概念、原理或指明掌握新技能将用到哪些旧技能、先前学到的策略或相似任务,建议学生用一种恰当的方式重组知识。

(5)加工信息:观察、分析学生信息接收的特征,提供讲解示范,先讲解后展示,或者讲解与展示结合起来;将技能所涉及的操作程序明晰化。用图式或形象的方式明确学习任务是什么,展示程序,形成高效的知识表征。

(6)聚焦注意力:在练习中关注学习中的关键特征、步骤之间转换的方法,正确完成程序的提示等。提示在某一任务中恰当运用策略的关键属性和成功运用策略的线索。通过直观形象化的类比加深学生的理解,促进记忆和迁移。

(7)指导质疑:提供要点、难点学习途径,将动作技能所表现的情况、学生要记住的信息等尽量形象生动地加以表示。

(8)运用学习策略:优选教法,使动机、课堂活动多样化,让每一个学生都参与进来。运用榜样示范的力量,采用渲染鼓动的技巧,营造积极参与的情境。

(9)练习:分散练习和集中练习、整体练习和部分练习等都要考虑学生要达到的学习目标。明确在哪一种情境或任务下运用什么样的策略才是恰当的,并说明理由;逐渐增加任务难度后应用的策略,如学生互教互学。

(10)评价反馈:提供反馈、监控调整、指导质疑,促进问题图式的形成,促进学习过程的主动调控。外部反馈是提供建议和讲评;内部反馈来自肌体练习的感受、感觉和知觉。提供解决问题的信息。同伴评价;群体反馈——示范恰当的应用;检查策略运用的成果。

(11)小结与复习:对恰当运用学习策略的同学进行点评,强调努力运用学习策略的重要性。指出主要步骤与原理之间的构想,以及应用情境之间

的恰当性。

(12)知识迁移:逐渐从分离的提示过渡到集合的提示,最后综合。扩展变式练习,强化技能保持。在将来运用什么技能,如何运用技能。

(13)再次激励和结束:对认知、情感和行为进行回顾与激励,让学生知道做了什么、怎么做和有什么感受。

(14)评估业绩:观察技能表现,对技能表现进行评分。提出改进的步骤并保证步骤的完整性,识别教学是否完整得当。

(15)反馈与补救:确定学生是否有共同的错误和误解,让学生知道自己的技能掌握程度如何以及后续应该怎么做。

(16)教学评价:看学习结果是否达到了教学目标的要求,以及达到了什么程度。主要评价标准有效能标准、任务标准和素质标准。

(二)体育课堂教学内容的设计与组织

《体育与健康课程标准》的实施对体育课程的竞技性开发提出了更高的要求。如何将现代竞技运动的技战术等内容编入教材,分解到小学、初中各水平段进行教学,无论对学生的学还是教师的教,无论对规则的理解还是场地器材的要求都有相当难度,教学也往往受诸多因素的影响而难以顺利进行。从游戏的角度切入,通过挖掘教材游戏特性和快乐隐性的内涵,改变传统教材的模仿—练习—接受的枯燥方式和教学组织形式,以游戏活动的寓教于乐的形式呈现,使之成为保留其技能要素,又展示了游戏的内涵,充分突出体育运动的本质属性和教学的游戏特性。既体现其层次性、简易性、趣味性、竞赛性、娱乐性和健身性,又考虑尽量采用小场地和灵活多样的组织形式,简化其规则和要求。既重视教材的自身特性,又灵活地改变活动规则、练习方法,增强其课堂适应性和教学适用性,并与基本运动、体能活动形式相融合,让运动成为学生生活化的健身活动、斗智斗勇的简单游戏、妙趣横生的趣味竞赛。

(二)体育课堂教学的组织与安排

按照体育课堂教学结构施进的顺序和特点,可把课堂教学分为相互连接的三个层次:组织教学策略、技术教学策略、动作练习策略。下面以日常

教学实例为范本，将这套动作练习策略加以展示，以增强实践感，供大家参考。

在运动教学中，教师动作示范是最直观的方式，可使学生了解动作结构和顺序，形成正确的动作概念，进而掌握正确的技术动作。下面介绍不同运动阶段动作示范的要点和技巧，从而不断提高示范动作的质量，提高教学效果。

1.泛化阶段动作示范的运用

教学任务：使学生熟悉运动技能的特点，克服胆怯心理，对动作有初步了解，取得感性认识，粗略地掌握动作。

教学特点：这一阶段学生的特点是大脑皮质的条件处于泛化阶段，动作表现紧张、不协调，出现多余动作，呼吸急促。在此过程中，教师应抓住动作重点进行教学，不应过多强调动作细节。此时，示范处于主导地位，讲解辅助示范应注意以下"结合"。

①完整动作示范与分解动作示范相结合。完整动作示范可使学生建立整体的形象、结构和动作概念。由于泛化阶段学生的注意范围狭窄，学生对动作全过程只能有个粗糙的视觉印象。例如，学习"单杠骑撑后倒挂膝上"时，先做一次优美的完整技术示范，应随后分解教学，有目的地进行分解动作示范，使学生对所学的动作部分建立起较为清晰的概念。

②常速与慢速示范相结合。示范速度直接影响学生建立正确的动作概念，因此在动作示范中，只能采用常速和慢速示范，不可采用快速示范。一般情况下先采用常速示范，让学生建立一个完整的动作印象，再采用慢速示范，使学生的思维由浅入深，由表及里，加深对所学技术的理解。

③关键性示范和难点示范结合。关键性技术是技术动作中最重要的、直接影响动作质量的环节。它从动作过程中抽出来，用以显示动作的因果关系，便于学生抓住动作规律，并形成该动作的关键表象。其难点亦是较为困难的动作技术掌握，如不予以重点示范，必然造成学生对概念模糊、掌握困难。例如，做"双杠支撑后摆转体 180 度成分腿坐"示范后，应突出支撑后摆超越杠面后再转体 180 度，此时肘关节一定要伸直，髋关节一定要展开，两腿并拢，脚尖绷直。

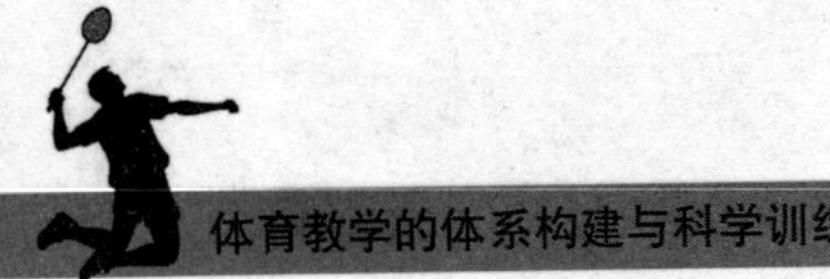

④启发、鼓励与示范相结合。在器械体操教学中,一些胆子小、身体素质差的学生,容易产生怕从器械上摔下来的心理,对掌握技术、提高运动水平失去信心,这时,可以在学生中挑选身体素质条件和这些学生类似,但进取心强,勇敢,动作掌握较快、较好的学生做示范,为这些学生树立榜样,增强他们的学习信心及积极性。如果某个学生在技术上有所提高或突破,也可让他做示范,让同学们给予评价,对提高方面给予肯定,鼓励大家进一步提高学习的积极性。

⑤示范与讲解相结合。示范前,要布置观察的程序,强调观察的目的,传授观察的方法。示范后,要用准确的语言强化示范动作,巩固、明确其轮廓,防止学生获得模糊、不定型的视觉表象。

2.分化阶段动作示范的运用

教学任务:掌握正确的动作,提高动作的协调性和质量,消除各种错误动作。让学生通过视觉和知觉的活动,稳定、明确所学动作,为学生练习提供清楚而又正确的动作指导。

教学特点:这一阶段是大脑皮质的条件联系由泛化进入分化的阶段。在教学中,教师应抓住学生存在的主要问题,注意对动作的纠正,可采用比较、对照和综合分析的方法,帮助学生体会动作细节,促进分化、抑制进一步发展,使学生动作日趋准确。这时示范应降到次要地位,以讲解配合示范,加深学生对动作内在联系和细节的理解。

①突出重点示范。进行示范前,应提示学生明确观看的重点和次序。教师可在完整示范后,再进行重点技术环节分解动作示范或重点动作示范,使学生明确具体的技术结构、技术环节、技术细节。

②纠误示范与讲解相结合。通过纠误示范与讲解的结合使学生进一步理解把握技术结构的练习要素(动作姿势、练习轨迹、练习时间、练习速率、练习速度、练习力量、练习节奏),再以讲解补充、阐释示范动作的特点、细节、要领,促进学生进一步领会掌握。

③纠误示范与辅助练习或诱导练习相互结合。在正确动作示范后,可对学生的错误动作进行模仿性“示范”。因为学生虽然明确了正确技术的概念,但不知道自己的动作怎样、错在哪里,以及如何去克服错误,达到改进技

术、巩固正确技术的目的。这种示范有利于正确掌握动作,形成动力定型,从而使练习协调、省力并提高练习者的兴趣,促进学生进一步领会掌握。

3.巩固阶段动作示范的运用

教学任务:教师要进一步启发学生的积极思维,提高学生分析问题和解决问题的能力。以抓动作技术细节为主,同时用完整法做重复练习去强化学生动作的各个环节,防止割裂完整技术。在此基础上进一步加大运动负荷,提高学生身体素质和技能水平,形成运动能力。

教学特点:学生进一步反复练习,达到动作自动化程度,能轻松自如地完成整个动作,可以把注意力放到身体姿势、速度和技术上,在不同条件下都能保持良好的技术。示范应是“补充”“校正”。

①放大示范。按运动技能、技术结构本身具有的特点进行示范,让学生明确技术节奏及动作幅度与速度,以使学生在原有技术的基础上更进一步。

②特色对比示范。经过一阶段学习后分化抑制已形成,学生的分析鉴别能力有所提高。这时,在进行特色技术动作示范后,可对学生的动作学习产生模仿性“示范”,使学生进一步理解正确技术的细节概念,达到改进技术、巩固提高技能的目的。

③手势肢体示范。手势肢体是示范中的一种特殊形式,既有趣味性又简捷,是教学动作示范形式的升华。运用手势肢体语言,既可表现技术动作,又可使学生明确教师的意图。尤其是在此阶段中,学生认知水平提高,对动作理解深化,手势肢体的运用会节约教学时间,缩短师生之间的距离,故应加强运用。

综上所述,一个学生从不熟悉运动技能到学会动作,一般要经过三个阶段。每学一个新动作或一种新姿势,都要经历这三个阶段。运动技能教学的三个阶段动作示范各有其特点、侧重,它们是有机联系在一起的。教师每次示范都要根据所在阶段的教学任务、要求、特点有的放矢,才能收到事半功倍的效果。

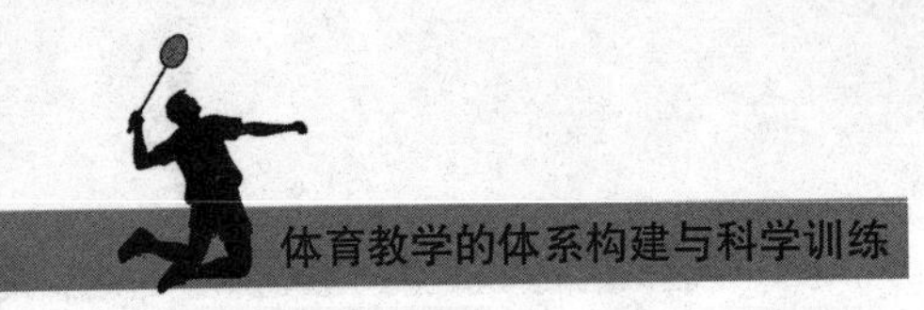

第二节 体育教学方法的运用

任何一门学科都有自己特定的研究对象和所要探索的领域。正如毛泽东在《矛盾论》中所指出的:“科学研究的区分,就是根据科学对象所具有的特殊的矛盾性。因此,对于某一现象的领域所特有的某一种矛盾的研究,就构成某一门科学的对象。”因而,对教法和学法的研究,长期以来一直受到中外教育家的共同关注,特别是从新课程实施以来,对其的探讨更是讨论中的热点。教育学的研究表明,学习材料与学生原有的知识没有实质性的自然逻辑关系。教学方法选用的价值规范受人为联系的制约。换言之,教师有什么教育价值观就会采用什么样的教学方法。教师驻足于传统教育价值观就会采用“以教为主”的教学方法,相反,具有现代教育理念的教师就会采用“以学为主”的教学方法。本章立足于从方法论的角度对当前教与学方法的选择与应用进行一番历史审视与分析,为的是让人们更清楚地了解教法和学法的历史特性及教学方法运用中存在的问题,以便更好、更科学合理地去实施与运用。

一、体育教学方法的思考

众所周知,受历史影响,过去我们只做教师教学的方法研究,很少做学生学习方法的研究。当今时代的发展促使教学方法的研究打破了这一弊端,把教推向了学,指出没有教法的转变就没有学生的转变,没有学法的发展就没有学生的发展。新课程实践证明,教法与学法的有效性制约着体育新课程功能的实现。基于此,本节对其驻足与研究,梳理与揭示体育教与学方法产生的机理,摸清其发生的机制,寻绎经验避免无效,以期促进体育教与学效果的提升。恰如学者王道俊所言,教学方法是为完成教学任务而采用的办法,是教学活动有效运行的关键要素。它包括“教师教的方法和学生学的方法,是教师引导学生掌握知识技能,获得身心发展而共同活动的方法”。

(一)教学方法的历史变革

从哲学上看,体育教学方法的运用是教师对知识价值关系的认识或反映,烙印着教师自我的教育价值观及对教学的“前理解”。标示着教师在完成知识传授任务时,对教与学的选择、安排等的具体表现。从教育的历程看,教学方法的运用呈现出明显的阶段性特征,释义出不同时代背景对知识需求的期待不同,对教学方法选用的要求也不同,与其教育主张产生的特定时代背景相互联系。例如,在我国古代,基于当时社会生产力低下,知识创新的基础较差,教育的基本教学方式是言传与身教,年青一代只能在与年长者的共同生活中通过模仿和记忆学习相关知识。受时代的制约,其教育取向以传授知识为主,通过传授知识来培养学生的德行。因而,传道、授业、解惑就成为教师的天职。为此,教学方法的选用多以讲授法为主要形式,致使课堂教学能否取得满意的效果不是看教学方法的正确使用与否,而是看教师的学识水平如何。教师讲好了,学生就学好了。长此以往,就演变为“满堂灌”和“填鸭式”的教学形态。这种教学方法最大的优点是“节省时间和精力”,可以在最短的时间内最大限度地向学生传授知识。正如夸美纽斯在《大教学论》中指出:“这种教育将不是吃力的,而是非常轻松,一个先生可以同时教几百个学生。”

但当人类社会由低级文明不断前进,迈向了 21 世纪的新知识经济时代文明时,时代要求教育要把知识创新作为衡量的尺度,由寻求普遍性的教育规律走向寻求个人情境化的教育意义。即教育要把人个体本质中的个性内在能动凸显出来、发展出来,为个人知识的意义理解与建构提供支持,满足新知识时代对人发展的需求。于是以个性为解放的、新的知识教育形态日益凸显,正成为不可阻挡的世界潮流。拉开人类社会由知识取向的教学理解(侧重于知识性的积累拥有)、能力取向的教学理解(侧重于知识的把握与创造)开始迈向解放取向的教学理解(以发展人的完整性和能动性为核心)的序幕。彰显出个性的发展是社会进步的核心,只有实现个性(最大发展区)解放的教育才是时代的追求。为此,解放人的潜在能力,挖掘人的创造

力,促进人的全面发展就成为今天和未来教育的首要任务。也正因为如此,建立以个人为本的新的教学观和教育观,实现教育的本质是解放人的一种个性化学习活动,就成为当代世界各国教育改革的目标和发展的普遍趋势。在这一思潮下,传统的教育观念被彻底颠覆与抛弃。对此美国未来学家阿尔文·托夫勒指出:“未来的文盲不再是不识字的人,而是没有学会学习的人。”显然再用传统“接受式”的教学方法无法培养出学生个体不同的发散思维,无法扶植与培养学生的创造性,不符合培养个性和创新精神为21世纪社会服务的目标,难以满足社会发展对人才培养的要求。因为,21世纪社会生产力的发展,要求教育不仅要完成传授知识的任务,还要实现让学生创造新知识的任务。为此,转变教育观念,改革教学方法,探索合作学习、探究性学习、自主学习等,就成为当务之急。正如学者刘丽群认为,教师不是简单的传声筒,他们如何选择教学方法……是教师整体认识与能力的直接反映。鉴于此,我国著名学者顾明远指出,当前社会上都在热议钱学森提出的问题:为什么我们的学校总是培养不出杰出的人才?要回答这个问题……教育确实要担负主要的责任,主要表现在教育观念的陈旧、教学模式的僵化、教学方法的落后、教育评价的片面上。学者们的易言表明,由于受不同时代教育教学观“前理解”的影响,教师对教法和学法概念的理解不同,因而对其应用范围的认识也就存在着差异。教师要教好学生,提高教学效率,就必须按时代教育的目的选择怎样教和如何教。即教师要会教和善教,就必须懂得教法和学法与时代发展的适配联系,只有这样才能科学掌握好教学。新教育理念在当今教学实践的认识论证明,教法和学法的优化是推进体育新课程改革的一个重要组成部分。只有这样,新课程才会由目标走向现实。

(二)当前体育教学方法存在的问题

教育历史的发展证明,每种教学方法的形成,都离不开它所置身的客观环境。我国传统体育教学观是根据教的内容来预先设定教学方法,教师只考虑教的任务完成,较少考虑学生学会的方法使用与发生、效率和限制在哪里,这一定型化极大地规制了教师教学方法的选择与运用。因此,我国以往体育教学研究往往侧重在对教法的研究方面,对学法的研究则不够深入。

即使接触到了,也只限于对一些具体学习方法的总结,对学法的专门研究还很缺乏,缺少系统的学法理论指导。因而,在实际体育教学中出现教师只关注“教法”的设计与运用,对学生“学法”的思考没有重视,导致出现用教学方法剪裁学法实践的现象。在指导思想上不是使体育教学方法促进学生懂了没有,方法会了没会,体验过程乐了没乐,而是力图使学生适应教学方法,使学法迁就教法。以统一进度、统一模式、统一方法和统一要求为教学方法的原则,导致人变成了客体而不是主体。把有趣的体育教学变成呆板的技能传授与刻苦的标准训练,把体育学习变成了“只认技能不认人”的灌输和规训,失去了体育学习懂会乐的因果性和目的性的统一。这种“统一同质”的教学方法,使得享有不同运动优势的学生没得到个体的发展和满足,也影响了一些运动弱势学生的自信、学习动机和态度,使得他们产生失败感,厌弃体育学习,讨厌体育运动,给未来终身体育可循环的建立增添了危机。正如苏联教学论专家斯卡特金指出:“我们建立很合理的、很有逻辑性的教学过程,但它给积极情感的食粮很少,因而引起很多学生苦恼、恐惧和消极,阻止他们全力以赴地去学习。”

那么,怎样才能有效地发挥教法和学法这一复合体的整体功能呢?近几年来,教育研究者们通过对新课程实施的调研总结发现,要使体育新课程推进实施,必须把教推向学。如果不注意加强对学生学法应用的指导,就不可能使新课程终身体育教学得以有效实现。对学习概念及其本质与规律的理解和把握,是发挥和沟通好教法和学法的理论与实践的桥梁。通过反思,教育研究者们认为,在探讨教法和学法的关系时,将重点放在对“为学习发现更多的联合因素”“教学为学习而设计”“为理解时刻而教学”“学习要有自由度(选择性)”的学法指导研究上,实现教法和学法联姻才是可为的。正如我国著名教育家陶行知先生在1919年《教学合一》一书中所说:“先生的责任不在于教,而在教学生的学。教的法子必须根据学的法子,怎么学就怎么教。”“教学做合一是教的法子根据学的法子,学的法子根据做的法子。”对此,联合国教科文组织21世纪教育委员会在《教育——财富蕴藏其中》报告中也提出:“教育应该较少地致力于传递和储存知识,而应该更努力地寻求获得知识的方法。”这些论断,深刻地揭示出教育需要以教会学生学习为重

要目标。传统教育与现代教育两者之间的区别在于,传统"教学"要求学生接受知识、积累知识,注重学生智力的提高,现代"教学"不仅要求学生掌握知识与运用知识,更着眼于学生知识、方法、能力的形成。即21世纪的教育不仅是实现学习理论、运用理论,更重要的是贡献理论。上述思想在我国古代教育家墨子的《公孟篇》一文中曾有记载,如在教法上要"量力施教",在学法上要"察类明故",才能使不同的学生在不同的基础上做到"深者深求,浅者浅求,教者诚其心,学者尽其材"。

(三)学校体育教学方法改革的趋势

从教育取向的维度分析可以发现,从20世纪80年代以来,我国学校体育教学的趋势在指导思想、功能运用和结构特征三个方面发生着根本性的转变。

1.在教学指导思想上由教会知识转向教会学习

1972年雅克·德洛尔主席向联合国教科文组织提交了《教育——财富蕴藏其中》的报告,明确提出21世纪的教学应围绕"学会认知、学会做事、学会生活、学会发展"四种学习方式进行安排。并进一步指出,"这种学习不是获得经过分类的系统化知识,更多的是为了掌握认知的手段"。在这一背景下,"学会学习"就成为新世纪课程教学的宗旨、核心理念与教学指导思想的追求。

2.教学结构特征由以教为主转向以学为主

"以学生学会学习为中心"的新教学特点,已成为当代体育教学理念的凝结与赖于支撑教学的笃行。这要求教学的意义建构由以教为主转向以学为主。在教学内容上,要给学生提供多样化的运动选择,尊重学生对不同体育内容学习的需求。在教学组织上,要建立适应学生个别差异的条件与学习情境,让学生根据自己的运动能力、技能水平和兴趣风格,选择学习的相应层次与学习领域。在学习考核与评价上,要体现出学会学习的意义建构。既要重视成绩考核的结果,也要关注学习进步的发生;既要重视技能学习的评判,也要关注学生体育学习的领会。恰如梁漱溟所说:"以文化育人的方式聚集起有价值的东西,有助于正德,有助于知识的享受,有助于精神的

提升。”

3.在教学方法运用上由统一教学转向多元教学

基于此,在教学方法的设计与选用上,要把体育学习纳入促进人的发展的视野,正确看待不同学生体育学习的不同方式。给予学生更多的学习机会,发现更多学习的联合因素,扬长避短、因材施教,使学生主体性得到充分发挥。推崇采用集体教学与差异教学相结合,实施学习程度分层、学习内容分层、学习方式分层、学习作业分层、学习评价分层等多元化构建,防止学生有的“吃不饱”,有的“吃不了”。让尖子生释放运动能力,放飞体育天赋;让中等生完成提高赶优,发展兴趣爱好,养成运动习惯;对运动差生解惑补救,激发其学习热情,使其不因为运动能力不足放弃体育学习,达到学生全部实现终身体育的运动目标。恰如巴班斯基的一个著名主张:“教学即必须把教的最优化与学的最优化融合在一起。”

二、体育教学方法的选择

体育教学方法是引导体育教学活动展开的方法,是衡量体育教师教学技能水平的依据,是体育教学方式的运用和教学原则贯彻的落脚点,是标识对某种体育类型的教学与范围适用的方法。对其研究,可结转打通体育教学方法选择和运用的学理,借以提高体育教学方法的基础理论水平,为科学和有效地选择运用体育教学方法提供参考。

(一)体育教学方法的选择依据和地位

1.体育教学方法的选择依据

由于教学方法的选用,受教学任务、教材特点、学生学情、教学条件等具体情况的制约,任何一种教学方法的选择与运用必须结合一定的客观条件进行方可产生教学效果。归纳起来,影响教学与学习的发生有两个内在机制。一是从体育教学的方法结构来看,一般可分为传授体育知识与技能的方法、发展体能的方法、思想品德教育与发展个性的方法等。二是从体育运动技能学习的心理机制来看,存有注意、感知、表象、思维、练习等心境现象的揭示和机理运行的交合互动关系,预设着对教学本质的认识、规律的确

定、方法选择的价值判断。换言之,体育教学方法的运行,是通过对学生心理的应激、唤醒、认知等相关体现,确定认知定向阶段、动作联结阶段、协调完善阶段的学习方法使用指向的范围和目的。为此,体育教学方法的结构是划分确定每一种教学范围运用的形式与方法。而体育教学方法的分类,则是判断方法属性在不同教学阶段信息加工的定位与取向的依据,是为达到一定教学结果的目的,对各个教学部分具体设计指向的中心。两者的存在,是体育教学方法选择与运用的根据和动因,是寻绎不同体育教学方法产生、存在、发展和创立的根源,是定向、推动、维持、引发体育教学方法的动力系统。它们源于体育教学实践,又推动着体育教学实践的发展。认清这些本质,才能把握结构与分类的相互关系。有利于我们正确把握体育教学方法的本质与规律,才有可能选择出最优化的教学方法。诚如古人张载所说:"凡圜转之物,动必有机;既谓之机,则动非自外也。"又如巴班斯基指出的:"在教学过程中,不以最主要的、本质的东西做依据,就不可能找到最优化的教学方案。"

2.体育教学方法的地位

归纳以上所述,可以发现我国学校体育的教学方法,在理论体系实践应用中的地位如下:

(1)它是为达到教学目标,使学生完成学习任务而选择运用教法的策略标识。

(2)它是遵循教学活动的特点和规律,以一定的教育理念和教学策略为依据组织安排教学活动的一种具体结构和形式。

(3)它既是一种实施课堂教学内容与组织形式的策略结构,又是一种按目的要素对教学有机构造和有机安排的活动过程。

(4)教学方法的结构和分类的功能体现出,策划教学情境、推射知识获取方式、选择教学方法,将教学内容转换为具体的运行活动。

(5)从时空的发展,来看新旧体育教学观的教学方法、结构与分类,可以发现,新的教学方法从知识的结构性入手,注重教学环节的具体应用与认知的目的指向性,着力体现了"教学做合一"的知行统一观。既反映教师如何教,也体现了学生如何学。教学,是教师与学生相互结合双边共同完成的活

动。过去我们只发挥了教师的主导作用和教师的教学智慧,没有发挥学生学习的主动性和学习智慧的力量,导致教学实践中“管教不管学”,因而它是不完善的。

(三)体育教学方法的选择与运用

教学实践证明,教学方法的选择与运用受人们思想认识的影响与制约。教师选择与运用什么样的教学方法,反映了教师对教育教学观念的不同取舍。例如,教师是以教为标准选择教学方法还是以学为标准选择教学方法,前者反映出教师仍然是传统“教”的本位思想,后者体现教师是现代教育理念“学”的本位思想。教学应以向学生传授知识、技能为主还是以发展学生的能力为主,这是教师对教学方法意义的不同认识的反映。两者之间的选择,是区分教师是传统教学观还是现代教学观的分水岭。不同的观点不但影响着对教学设计目标的选择,还影响着对教学内容和教学方法的选择。[①]

1.教师思想行为制约体育教学方法的选择与运用

由上述而知,体育教学方法是指教师对学生施加影响,引导学生有效地掌握教师所教内容,并形成和发展学生学习认知能力的方法。正如学者郑箐认为,行为是有机体在与环境的相互作用中产生的一系列反应和活动。教学实践证明,在体育教学方法的应用中,教师的教学行为是这个方法得以运转的动力,也是对学法施加影响的主体。

对此,苏联教育家休金娜指出:“教学方法的教育学价值的认识过程是隐蔽的,其表现是由教师的思想行为决定的。”学者的研究指出,教师的教学思想影响和制约着教法设计的动机和选择应用的预设。教师没有正确教学思想行为的判断标准,教法的选择与运用就成为教学“工序”的机械组合,难以满足新时代对教学的要求。诚如教育家陶行知所说:“要想让学生自动,必先由教学生学的先生先动。”陶先生的这句话,道出“学起于思,习源于行”,行为是思想意识的表现,教师的教学思想是影响教学方法选择与运用的最直接因素。

对此有学者提出,教师良好的职业特征或思想是构筑教学方法科学实

---

① 王丹:《体育教学的理论与实践探索》,北京理工大学出版社 2019 年版。

施的基础。一般由两个方面组成:一是教师的职业思想品质,主要是指教师的职业道德,教师的责任感、价值取向及对学生的情感态度等,它对教法系统的运转起着指向的作用;二是教师的业务水平,主要是指教师的专业知识水平和教育教学能力等,它决定着教师对教学方法选择与策略调配的优化水平。前者主要是指教师的教育价值取向、知识结构状况等,而后者主要是指教育理论水平标识下的"运用教材的能力、组织管理教学的能力、语言表达的能力、对学生状况的认识和因材施教的能力、对教学后果预测的能力、教学机制的水平"等。

因而有学者认为,学生取得学习效果存有多方面的原因,教师要想建构一个有利于学习的教法,就必须分清课堂教法与学法的表层结构和学习过程的深层结构。研究表明,教师教学的思想行为可规准转化为 10 种具体的行为类别,即陈述、指导、展示、提问、反馈、管理、观察、倾听、反思以及评价。在课堂教学实践中,教师若能有意识地对这 10 条优质标准的所属领域进行领悟与拓展,便可构建出一张稳定的"教学质量网"。正如古人所云:"事必有法,然后可成,师舍是则无以教,弟子舍是则无以学。"一语道出教师在备"教法""学法"的教学设计之时,还要注意与"教法""学法"相连的情境因果关系。

综上所述,教学行为是教法的具体表现,教法的打造源于教师教学行为的构筑。研究教法,是为了更有效地做好教学思想与行为。因而也论证出,教法任一实践成功的背后,都有科学理论的踪迹可觅以及正确思想行为的厚重支撑。我们深深地认识到,教学实践中"管教不管学"观念的泛化不可取。诚如《现代教学方法导论》一书所示:"概念是思维的细胞。细胞发生了毛病,由细胞构成的组织就会发生毛病,甚至全身都会发生毛病。同样,在概念方面发生了毛病,就会使由概念构成的判断、推理和论证都发生毛病,思想就会不正确。"

2.体育教学方法的运用与组织

上述从多角度考察了教学方法的变革与问题,一是使我们了解了教学方法的变革是时代的标识,二是揭示了教师的思想行为是影响与制约教学方法选择与运用的直接因素。基于此,以下将展开对有效教学方法运用的

条件和策略是什么的解析。

文献梳理发现，国内学者皮连生和国外学者加涅认为，教学策略的指导适配性影响和制约着、支持和促进着学习量度的集合，测量着学习过程若干不同学习层级的变量发生和有效性的差异。即教学行为要符合学生认知科学的记忆性；教学认知量要与学生的短时记忆、中时记忆和长时记忆的编码科学结合，要能引起注意—应答记忆—行为反馈，要能建立接纳性、支持性、乐学的课堂气氛，以促进学生的理解能力、思维能力、问题解决能力等高级认知的发展。具体表现在两个方面：一是变化教学环境以适应学生的能力和学习技能；二是变化教学策略，科学认知学生的发展能力和学习技能。

围绕这一命题，有学者认为，传统教学方法设计以教为主，新教学方法设计以学为主。新的教学方法的选择与运用，就是实现“为学习的理解而教”“为学习的理解而授”。为理解而教是指有效教学发生在为理解而教的时刻，要为不同的学生根据其学习程度设计不同的变量。为理解而授是指要运用启发性、领会性教学行为引发学生的学习兴趣，提升学生参与程度，使教学策略符合学生的认知习惯，发展学生的能力和学习技能。这样也会充分衔接“以理解为中心”教学流程与“为会学而设计”的有效教学策略。诚如英国教育家亨特所言：“适应学生是教学过程的核心。”

沿着这一认识的逻辑，有学者认为，衡量教师教学思想行为的准绳，是教育研究者们借助科学理论研究在抽象实践中制定出来的标准。教学实践指出，由于这些标准总是蕴藏着某个特定的教育情境，只有把握和理解了这些情境的特征，才可以较好地利用这些标准。那么如何教学有法、贵在得法呢？我们都很熟悉这样一则故事：一头驴子背盐渡河，在河边滑了一跤，跌在水里，那盐溶化了。驴子站起来时，感到身体轻松了许多，驴子非常高兴，获得了经验。后来，它背了棉花，以为再跌倒，可以同上次一样。于是走到河边的时候，便故意跌倒在水中。可是棉花吸收了水，驴子非但不能再站起来，而且一直向下沉，直到淹死。驴子为何死于非命？很重要的原因就是驴子没能正确对待经验，只是机械地套用了经验而未能对经验进行改造和创新。由上而知，教学方法的长青是根据时代发展的新要求而发展的，只有不断对原有方法进行否定之否定的扬弃、建构与创新才是可为的。恰如《孙子

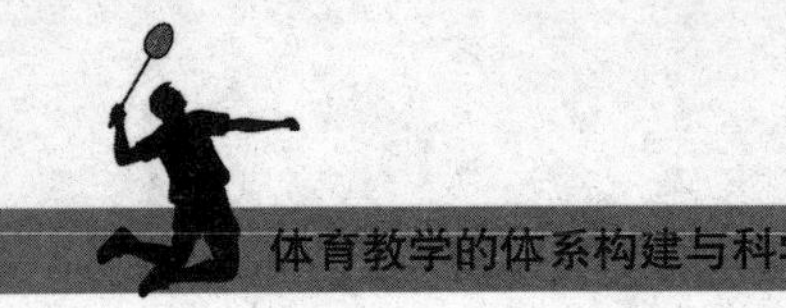

兵法》云:“水因地而制流,兵因敌而制胜;故兵无常势,水无常形。”

对此,有学者指出,众所周知,“教学有法,但无定法”。既然“有法”,那就是“法”掌握的多少决定着量变到质变的开阔,而“无定法”,则指出最有效地使用教学方法的人,就是能对教学方法理解最佳的人。一个不掌握教法全貌的教师,是不能支配控制教学行为的。古人云“登泰山而小天下,观于海者难为水”,讲的就是这个道理。

三、体育学习方法的选择

美国著名未来学家阿尔温·托夫勒针对21世纪知识时代的来临,深刻洞见地指出:“未来的文盲不再是目不识丁的人,而是那些没有学会怎样学习的人。”国外学者这一全新教育观指出“学会学习”不只是一种教育观念也是一种方法论和认识论的命题。梳理出体育教学要由教的方法走向与学的方法联姻,使学生由传统学习方式——知识的被动接受者,转变为知识意义的主动建构者。因而,学生学会学习的方法、学会学以致用就成为体育学法的目的。

基于此,解析体育学法的构成与组织,概括总结其实施策略,提出理论范式,为促进体育教与学方法的建设开辟活水,为教师在教学形态选择与运用、重组或再造提供启示认知,为21世纪体育新课堂教学方法的设计提供完备的理论支撑,无疑是重要的,也是十分必要的。

(一)影响与制约体育学习方法的要素

1.对体育学习方法的本质认识不清

从影响体育学法问题的角度分析,体育学法问题的产生,既有时代认识思想的逻辑演绎存在,也有体育教学自身方法论体系的不完善。正如学者张笛梅深刻地指出,21世纪的变革,不仅广泛而深刻地改变着我们的生产方式、生活方式、工作方式,也深刻地改变着我们的学习方式。学者易言释义出,受过去时代发展的制约,我们在理论上只是单一地以感觉论为基础阐述掌握知识的过程,把探索如何有效地教作为教学法则,没有建立如何使学生学会学习的理论与方法,没有说明教与学两者之间可共量、可通约的共相与

殊相运用统一的理解和阐述。质言之,此种现象表明,我们只发挥了教师的主导作用和教学智慧,没有发挥学生学习的主动性和学习智慧的力量,因而它是不完善的。对此学者于素梅的调查指出,目前教育学和体育学的专家对学法的专门研究还很缺乏,其研究还处于起步的阶段。因而,导致发生对体育学法的本质认识不清、体育教法与学法的构成与组织不清,缺乏体育学法理论的指导,影响与制约了终身体育的培养与实施。置身于人类社会的发展来看,以教为主的教学范式已不能适应21世纪的知识化、信息化发展的要求,使学生"学会学习"已成为当代人类学习的新特点。正如联合国教科文组织在《教育——财富蕴藏其中》一书中指出,学会学习是21世纪人类生存和发展的必要条件。为此,解剖体育学法存在的问题,鉴别与破疑影响体育学法的要素,使体育学习活动顺应社会发展的步伐就成为必要。

2.缺乏体育学法理论的指导

心理学研究证明,行为是认识的反映,认识是判断定势、选择方法的依据,决定人对事物的看法与行为方式的反映。以此观点审视我国已出版的学校体育教学与体育教学论者,可以发现我国学者对教法的认识比较深刻完整,形成了独立的范式与范畴,而对学法的研究论述甚少,没有形成应遵循的理论范式与明晰独立的科学范畴。即使有论述也局限于意义性的描述,缺乏以学法实践语境为设计的逻辑、结构与方法的明确指导。致使教法与学法未能有机交融,致使体育学法的构成与分化不清晰,导致形成"只讲教不管学"现象不断蔓延,影响了向新课程学会学习的目标推进。因而对此进行研究,已成为亟待解决的问题。正如有学者指出,教材中内隐的认知框架,影响着教师教学策略的筹划与教学方法的选择。

(二)体育学习方法的结构和要素

1.体育学习方法的界说

学者吴也显指出,学法是学生完成学习任务的手段或途径。从认识论讲,学法是指在教师指导下,学生获得经验方法的总和。从方法论讲,学法即指导学生学会学习,或者说是教师指导学生对学习方法进行的一种反馈与监控。因而释义出,体育学法即学生完成体育学习任务的手段或途径,是

一种教师有意识地指导学生主动学习状态发生的认知策略,是教师指导学生由学会知识走向学会学习的方法。根据加涅的学习内部条件与外部条件的分类,体育学法的结构可由学习价值观的表述、学习方法的指导两部分构成。前者可由知识认知和学习意义建构等组成,如“为学习而设计”“为理解而教”“学习自由度”等。后者可分为定向引导阶段、理解应用阶段、领会创新阶段。沿着这一理解,体育学法的要素一般含有下列方面:预习发现、寻疑问难、边练边思、自我检验、自我校正、理解应用、意义建构等。正如现代教学理论认为,学法是一个在教师引导下,学生主动参与、独立思考、自主发现和不断创新的过程,而不是简单、被动地接受教师和教材提供的现成观点与结论。诚如古罗马教育家普鲁塔克所言,儿童的心灵不是一个需要填满的罐子,而是一个需要点燃的火种。因而,在课堂教学中,体育学法是推动“学会学习”的依托,是实现“学会学习”“学会认知”“学会做事”的根本方法。促使学生要实现的,一是主动接受,二是自主发现,三是通过意义建构的途径和方向指引帮助学生由学习的必然王国向自由王国生成与转换。

2.体育学习方法的分类

集合新课程经验得出,学法分类的构建应从学生主体素质两个方面着力。一是从学生的心理品质,如学生的兴趣、动机等情感因素去寻找学法的分类。二是从学生原有的文化水平、学习行为习惯,如已有的认知结构、思维能力等认知方面的因素去寻找学法的分类。因为,这些因素往往积淀为一种心理定式,影响着学生学法的唤醒。教学经验证明,这两点在意义建构体育学习方法中尤其重要。诚如鲍尔诺夫认为:学习唤醒,可使主体的人在灵魂震颤的瞬间,感受到一种从未体味过的内在敞亮。他会因主体性的充分张扬而获得一次心灵的解放,他的自我意识也会随之空前增加。处于唤醒状态的学生,其智慧和心灵都闪烁着不寻常的光亮。也如布卢姆认为,只要能找到帮助每个学生学习的方法,那么从理论上说,所有的学生都能学会掌握。据此认为,上述对学法的研究与论述,可敦促我们从不同角度进一步认识学法的现象与规律,正确处理好教与学的关系。因而,对其探索和研究是必要的。

(三)体育学习方法的组织和运用

根据加涅学习内部条件与外部条件的分类特征,我们认为体育学法的组织与运用可从学习过程的指导、学习方法的指导两部分着手建构才是可为的。实践证明,以此作为划分学法组织与运用的依据,一是能够突出“教学的目的性——使学生掌握体育知识与技能”,即教师指导教授的艺术性,二是能够体现出“教学的主体性——使学生领悟学会学习的方法”,即学生学练的艺术性。

心理学研究证明,学习主动性来自学习环境的情境适配与知识意义的建构。这一命题指出,学习过程存有学生与学习内容策略设计、学习环境策略设计的有机匹配问题。正如建构主义认为,情境、协作、对话和意义建构,是构成有效学习的四大支柱。这些视角指出了学习的成功不仅要靠智商还要靠情商,有效学法的实施取决于“知、情、意、行”的发生。基于这一理解,我们认为指导学习内容的体育学法设计应在以下方面下功夫。

1.从学习内容的设计着手

其一,学习内容的深度、难度与学习活动适配性的安排。指向完成什么学习任务,实现什么教学目标。

其二,学习活动内容的顺序性和进度性的安排。场地、时间、器材等能否符合学生的学习要求,实现有效学习的展开。

其三,学习活动的差异性的设计安排。是否具有多元性、多样性、多层性等知识意义建构的发生,是否符合不同学生的能力、条件、性格,实现有效学习的展开。

其四,学习活动的行动和效果的设计安排。能否引起生生互动、师生互动等合作学习的发生,能否为参与的学生提供成绩考察和奖励,即做到懂、会、乐。因为这些特点的重要性是它能够感染、引发、激励学生的情感,使其产生良好的自主学习行为,保障学习活动持续深入。

2.从学习需要的形式着手

教学论指出,教学应根据学习活动的不同而不同,应根据学习对象的情境变化而变化。这一命题指出,学习具有个性化的特点,只有适应学生特点

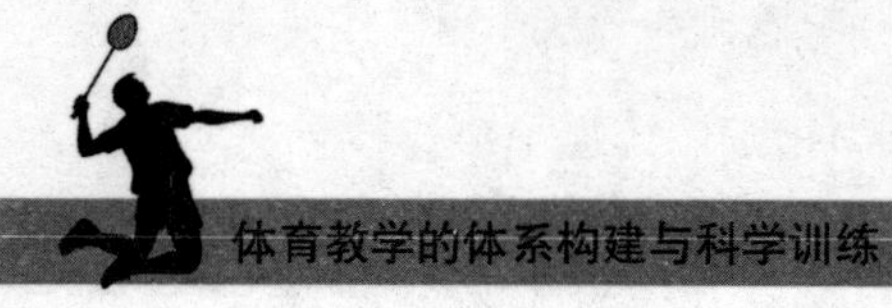

的方法才是好的教学。基于此,我们认为有以下教学方式供参考借鉴。

①从求知需要的满足中求乐。布鲁纳明确认为,“学习的最好刺激乃是对所学材料的兴趣”。因此,增强教学内容的趣味性,满足学生求知的需要,以使其产生快乐情绪,便是必修课体育教学模式首先要重视的。

②从成功需要的满足中求乐。苏霍姆林斯基曾这样告诫教师:“请记住:成功的欢乐是一种巨大的情绪力量,它可以促进儿童时时学习的愿望。请你记住无论如何都不要使这种内在的力量消失。缺少这种力量,教育上的任何措施都是无济于事的。”因而,教师在这方面采取措施的关键在于,为学生尽可能创设获得成功体验的机会,改变传统教学方法,把学习与创设成功相联系。

③从建树需要的满足中求乐。所谓建树需要,就是学生把所学习的体育知识和技能灵活运用到实际环境中去。因而,教师积极开展各种各样的活动,为学生尽可能创造必要的外部刺激和条件,引发学生积极投身运动获得运动的满足。因而,教师要注重学生的情感体验,积极挖掘教学内容的快乐性、方法和手段的艺术性,寓教于乐是必修课体育教学模式不可忽视的途径。诚如赞可夫指出:“要以知识本身吸引学生学习。”

④从活动的形式中求乐。体育游戏法、竞赛法等由于其内容丰富、形式灵活,又富有一定的情节性、竞赛性和趣味性等特点,长期以来,不仅是我国学校体育教学的重要内容,也是体育教学的形式、方法和手段。有学者指出,“体育游戏对于当前的体育教学改革至关重要”“有了它,一个枯燥的练习可以变得津津有味,一个沉闷的教学可以生机盎然”。因而,教师要在体育教学中科学运用体育游戏、竞赛法等扩展练习变式来提高学生的兴奋性,使学生在良性心理状态下学习技术,使学生中枢神经系统不断得到新的信息刺激,产生适宜的兴奋性,诱发学生的兴趣和学习的主动性、积极性,促进学生积极自愿地参加体育游戏活动,掌握自己所喜爱的运动项目的技术技能。

3.从学习过程的指导着手

联合国教科文组织提出,学会学习是21世纪人类学习的特点。这一命题指出,形成一种独立的学习方法,要比获得知识更重要。因而释义出,形成使学生学会学习的方法,是制定教学策略最重要的目标。阶梯发展论认

为,客观事物的发展都有一个明晰的阶段划分过程。为此,从内涵和外延两个方面来看,指导学生学会学习,须经由自身的习得和后天的教化两个阶段而成。其实现需要两个基本条件。一是外显学习(形成经验)。通过不同学习条件的运用,完成“实践—认识—再实践—再认识”的新旧经验的循环与深化。教师要遵循由量变到质变的规律,完成这一循环和认识。分阶段设计不同的环境和条件,逐段策划学生实践学习中运用知识、经验和智慧,形成学会学习的方法。二是内隐学习(养成学习习惯)。人类学习不仅有动物王国认识世界的自然性模仿,还存有抽象反思自我能动改造世界的属性。因而,可通过意向性学习的能动建构,缩短自然学习的时间,进入飞跃阶段。学习实践证明,学生通过自我意向性学习的总结与领会,可促进学会学习,步入精神境界,进入内隐学习,不受外界环境的影响与条件的干扰,可自主自觉地监控自己学习,获得学习的能力。即唯物辩证法说的否定之否定。

从体育学法策略中我们可以看出,其方式多种多样:布鲁纳的发现式,不直接提供学习内容,让学生自己领会发现消化学习内容;奥苏伯尔的接受式,把学习内容直接呈现给学生,让其吸收内化;斯金纳的程序式,把教材系统条理化,让学生按进程学习;布鲁姆的掌握式,在集体教学后,根据不同学生知识掌握的程度,施以超前学习、扩大学习、补救学习等安排。需要注意的是,在其应用过程中,不存在先进方法与落后方法之分。它们之间尽管存有差异,不同方法有自我“供求”的指向与衍生的运行机理。但从学习的目的以及聚合效应来看,存有互补的关系,具有密不可分、统一的特征,对其的选择与运用,不能陷入二律背反、非此即彼的泥淖。如外显学习与内隐学习两种教学设计,都有其教学结构特点,虽然它们是不可相互替代的,各有其教学方法的共同点,但应根据其学习的不同阶段,灵活选择方法的应用。正如巴班斯基曾说:“教学的方法和形式具有一定的相互补偿性,因而同一种任务可能借用不同的方法和形式来解决。”

(四)常用的体育学习方法

1.观察学习法

观察学习法是学生借助视觉有目的、有计划地对学习对象的活动深入

地观察以获得信息资料的一种方法。观察学习法由来已久,它来源于记忆的原理,形象的东西比抽象的东西更有利于记忆。体育学习的经验告诉我们,通过观察获得的学习对象的整体印象深刻,大脑皮层容易建立神经联系,形成动作技能的表象,可起到抽象思维难以达到的效果。借助此法,可使学生直观学习内容,明确教学对象,缩短学习时间,做到胸有成竹。因而,它是体育学习的首要方法。

2.模仿学习法

模仿学习是体育学生自我练习不可缺少的学习方法,是学习体育运动技能的主要捷径,有不宜用其他学习方法来替代的特征。恰如夸美纽斯在《大教学论》中对直观性原则的概括,没有它教学是混乱的,学习是混乱的,因为学生学习体育各种基本动作技能一般都是通过模仿。体育技能外显特征强,以直观为主的模仿性学习方法,易使学生理解体育动作的学习过程和要领。因而在教学中,教师如何使学生理解掌握动作技能的要领与特征,是体育模仿学习方法能否成功实施的关键。如在动作学习的初期阶段,要先讲解粗大动作要领,不讲解精细动作要领。在此过程中,要做到“完整动作示范与分解动作示范相结合”“常速与慢速相结合”,虽然模仿性学习方法是体育学习的一种基本方法,但它有比较明显的局限性和保守性。这种学习方法是一种低认知,长时间运用易窄化学生探求和迁移学习的能力。

3.抽象概括学习法

杜威认为,“思维是明智的学习方法”。体育学习是经验的积累,遵循从形象思维逐步过渡到抽象思维这一基本认识规律。学者易言指出,学生理解和掌握体育知识和技能,是概念认知、感觉认知、思维加工的运动形式。因此,该法对减少干扰因素,提高课堂时间比率和学习质量具有极为重要的作用。

该方法告诫我们,一是教师应该努力给学生讲清新旧动作的相似点,才能促使学生更快地学习和掌握新动作。二是教师及时纠错与提供教学评价反馈,对学生的学习策略十分重要。如在分化阶段,要讲解动作精细要领,关键性示范和难点示范相结合,纠误示范与辅助练习或诱导练习相结合,教学效果才好。正如发现学习理论认为,要给予学会学习的方法来促进学生学习。

4.解决问题学习法

逻辑学指出,问题是思维的本源。苏联教育家斯卡特金在《中学教学论》一书中指出,学生掌握新知的过程实质上就是思维顿悟的过程,因而问题是学习的杠杆。学者易言释出,不注意发现问题或是感觉不到问题的存在,是难以学好体育动作技能的。从方法论说,体育学习是复习旧知证明新知的过程,也是学习怎样解决问题的过程。因为这些联系带有为运动直观经验所证实的具体性。所以解决问题的学习能增大学生对体育动作技能的理解性,促进学生感知、领会、理解和巩固知识结构。因而,该法对体育学习实践有着重要的指导意义。

5.逻辑推理学习法

逻辑推理学习法在体育学习中的应用,就是形成学生"去粗存精"抽象概括的习惯。这对于培养学生抓住动作学习的关键特征,建立主观能动性的逻辑体系,逐步形成正确的学习步骤和自学能力起到很大的作用。该方法可引导学生发现已知和未知之间的差异或矛盾,引申从抽象思维上升到具体思维活动获得新知识。

第五章

体育教学训练

运动员通过系统、集中的训练以完成特定的目标。训练的目的是为了提高运动员的竞技能力,从而提升运动成绩。训练是一项系统工程,会涉及生理学、心理学及社会学的诸多变量。在此期间,训练要遵循循序渐进、区别对待等基本原则。整个训练过程中,运动员的生理和心理素质得以塑造,从而满足一些严格的任务要求。本章即针对体育教学训练进行一定的阐述。

第一节　运动训练理论基础

一、运动训练的基础

(一)运动训练的目标

不管是初学者还是职业运动员,至关重要的一点是制定切实可行的训练目标。训练目标要根据个人能力、心理特征和社会环境来设计。有些运动员是为了赢得比赛或提高成绩,有些运动员则是追求获得运动技能或进一步提高生物动作能力。不论是目标如何,都应尽可能精确及可测量。不论是短期计划还是长期计划,在训练开始之前就应设定好,并且明确实现目

标过程的具体细节。而完成这些目标的最终时刻,往往是一次重大的比赛。

训练是运动员为了达到最佳竞技状态的准备过程。通过制订系统的训练计划,可使教练员的训练工作更有效率,而设计训练计划需要借鉴各门学科的知识。

训练过程是以发展专项特征为目标,这些特征与完成不同的训练任务紧密相关,包括全面身体发展、专项身体发展、技术能力、战术能力、心理因素、健康管理、伤病预防以及相关理论知识。要想获得上述能力,需要根据运动员的年龄、经验和天赋,运用个性化、适宜的方法和手段。

1.全面身体发展

也称为一般身体素质,是所有体育运动训练的基础。一般身体素质发展的目的是改善基本的身体能力,如耐力、力量、速度、柔韧和协调。运动员全面身体发展的基础越扎实,就越能经受住专项训练,最终可能发挥出更大的运动潜力。

2.专项身体发展

也称为专项身体素质,是为了发展专项运动所需要的生理或身体素质特征。这种训练类型是为了实现运动的一些特定需要,如力量、技能、耐力、速度和柔韧性。不过,许多运动项目需要各种关键运动能力的组合,如速度-力量、力量-耐力或速度-耐力。

3.技术能力

这种训练强调以发展技术能力为核心,技术能力是获得体育运动项目成功所必需的条件。提高技术能力是以全面和专项身体发展为基础的,例如完成体操十字支撑动作的能力,要受到生物动作能力中力量因素的制约。针对发展技术能力训练的最终目的是在于完善技术动作,优化专项运动技能,专项运动技能是展现最佳竞技状态所必需的。发展技术能力应当在正常和特殊状况(如天气、噪声等)下进行,并且始终要围绕完善运动项目所必需的专项技能而进行。

4.战术能力

发展战术能力对于训练过程也是极为重要的。战术能力训练的目的是为了完善比赛策略,该项训练要以竞争对手的战术研究为基础。具体来讲,

这种训练的目的是利用运动员的技术和身体能力来制定比赛战术,增加比赛获胜的概率。

5.心理素质

心理准备也是确保发挥最佳体能所必需的要素。有些专家也称之为个性发展训练。不管术语如何称谓,发展心理素质(例如自制力、勇气、毅力和自信)对于成功展现运动能力是必不可少的。

6.健康保养

运动员的整个健康状况应当引起充分重视。健康保养可以通过定期健康检查和适当的训练安排来实现,其中适当的训练安排包括将大量艰苦训练和阶段性的休息恢复搭配进行。必须特别注意伤病和疾病,在训练过程中应给予重点考虑。

7.伤病预防

预防损伤的最佳方式是确保运动员已经提高了身体能力,形成了参加严格训练和比赛所必需的生理特性,并确保进行适量训练。安排不当的训练包括负荷过大,这将会增加受伤的风险。对于年轻运动员来说,以全面发展身体为目标是极为重要的,因为这样可以提高生物动作能力从而有助于降低受伤的可能性。此外,疲劳控制也尤为重要,越是疲劳,发生受伤的概率就越大。因此,应当充分重视制订一个控制疲劳的训练计划。

8.理论知识

应当在训练过程中充实运动员有关训练、计划、营养和能量再生等方面的生理学和心理学知识。运动员理解进行某种训练活动的原因非常重要,教练员可以针对各项训练计划的目标进行讨论或要求运动员参加关于训练的座谈会议来达到这一目的。让运动员具备关于训练过程和运动项目理论的知识可以提高运动员决策能力以及增加其对训练过程的关注,这样可以让教练员和运动员更好地制定出训练目标。

(二)运动训练系统

系统是指将某些观点、理论或假说采用正确的方法和手段加以组合的组织方式。一个系统的发展应该基于科学成果及实践经验的积累。虽然一

个系统在自身独立前会依附于其他的系统，但该系统不应被一成不变地移植。而且创造或完善一个更好的系统必须考虑到实际的社会和文化背景。

1.揭示系统的构成要素

构成要素是训练系统发展的核心，这可以从训练理论和方法的有关基本知识、科学成果、本国优秀教练员的经验积累以及其他国家的前车之鉴中提炼和总结。

2.明确系统的组织结构

确定了决定训练系统成功与否的核心要素后，就可以建立现实的训练系统了，而短期的和长期的训练模式也应当随之建立。该系统应当能为所有教练员共享，但也应当保持足够的灵活性，以便教练员能够根据他们自身的经验进行下一步的丰富与完善。

体育科研工作者对于建立训练系统起着十分重要的作用。体育科学研究，尤其是应用领域的研究所提供的成果，丰富了训练系统赖以不断发展和完善的知识基础。此外，体育科研工作者的工作还有益于完善运动员的监测计划和选材计划、建立训练理论以及完善疲劳和压力处理方法等等。尽管体育科学对于训练系统的重要性是显而易见的，但这门分支科学并未在全世界受到足够的重视。例如，斯通(Stone)认为体育科学在美国的运用呈现下降趋势，这在某种程度上解释了近些年奥林匹克运动会上美国运动员的运动成绩下降的原因。

3.验证系统的效能或作用

一旦启动训练系统，就应当经常对其进行评估。训练系统有效性的评估可通过多种方式进行。验证训练系统效果的最简单的评估方法是该系统带来了实际运动成绩的提高，也可使用更为复杂的评估方法，包括对生理适应的直接测量，例如荷尔蒙或细胞信号传导的适应。此外，力学评估方法可用于定量地测定训练系统的工作效率，例如最大无氧功率、最大有氧功率、最大力量以及力量增长率峰值的评估。体育科研工作者在此领域中起着极为重要的作用，他们运用自己的专业知识来评价运动员，并对训练系统效率的提升提出独到的见解。如果训练系统并非最佳，那么训练团队可以重新进行评价并进一步改进系统。

总体来说,训练系统的质量依赖于直接和支持因素。直接因素包括那些与训练和评价相关的因素,而支持因素与管理水平、经济条件、专业化能力和生活方式有关。每一个因素对于整个训练系统的成功都发挥着重要作用,但直接因素的作用更为重要。直接因素的重要性进一步强调了这一观点:体育科研工作者为高质量训练系统的发展和完善做出了重大贡献。

高质量训练系统对于达到最佳竞技状态是必不可少的。训练的质量不仅取决于教练员,还取决于许多因素的相互作用,这些因素会影响到运动员的训练成绩。因此,所有会影响训练质量的因素都需要进行有效的落实和不断的评估,必要时进行调整,以满足当代体育运动不断变化发展的需求。

(三)运动训练的适应

训练是一个有组织的过程,它使身体和心理都在不断地接受各种负荷量和强度的刺激。运动员适应和调整训练与比赛负荷的能力,同生物物种适应其所生存的环境一样重要——适者生存!对于运动员来说,如果无法适应不断变化的训练负荷与训练及比赛带来的刺激,将会导致疲劳、训练过量甚至过度训练。在这种情况下,运动员无法完成既定的训练目标。

高水平竞技能力是多年精心筹划、系统而富于挑战性的训练结果。在此期间,运动员不断调整自身的生理机能以适应专项运动的特殊要求。运动员对训练过程的适应程度越高,就越能发挥出高水平的运动潜力。因此,任何组织严密的训练计划,其目标都是为了促进适应,从而提高运动成绩。运动员只有遵循以下顺序,才有可能提高运动成绩。

二、运动训练的原则

运动训练原则,是运动训练过程客观规律的反映,遵循训练原则就是遵循训练过程的客观规律,在很大程度上反映了训练的科学化水平;违背训练原则就是违背训练过程的客观规律,训练就不是科学的。运动训练原则对训练实践的重要指导作用也主要表现于此。因而实施科学化训练,就必须遵循运动训练原则,训练原则的贯彻是科学化训练的最重要的体现。

(一)一般训练与专项训练相结合的原则

一般训练与专项训练相结合的原则就是指在运动训练过程中,要根据

运动项目的特点，运动员的水平和不同训练时间、阶段任务，恰当地安排两者的训练比重。

一般训练和专项训练两者在内容、手段以及所起的作用方面是不同的，但其目的是一致的，都是为了提高运动员的专项运动成绩。对青少年运动员来说，在训练的基础阶段，离开一般训练，过多采取专项训练的内容和手段，对今后的发展是不利的，重要的是如何按不同水平和层次的运动员的实际情况，在训练过程的不同时期和阶段，恰当地安排好一般训练与专项训练两者的比重。

（二）系统的不间断性原则

系统的不间断性原则是指从初期训练到出现优异运动成绩，以及保持和继续提高，直至运动寿命的终结，都应系统地、不间断地维持下去。

（三）周期性原则

运动训练过程的周期一般分为：多年训练周期（4~8 年）、训练大周期（0.5~1 年）、中周期（4~8 周）、小周期（4~10 天）以及训练课（1.5~4 小时）这几种不同类型的训练周期，并以此制订各种训练计划。

每个训练周期是由准备期、竞赛期和休整期三个相互紧密衔接的时期所组成。而每个时期都有其各自的主要任务、内容、负荷的安排、手段和方法。

就运动项目的特点而言，各运动项目对运动员机体能力有不同的要求，而且赛季的安排也不尽相同，如体能类的耐力性项目，准备性训练和比赛都要消耗巨大的体能，并且需要恢复的时间相对较长，因而全年大周期就相对较少；而一些技能类表现性项目和对抗性项目，尤其是球类，相对来说竞赛安排较多，赛季也长，全年训练大周期就多一些，多采用多周期（如双周期）制，或者竞赛期安排的时间较长，此外冬季运动项目如滑雪、滑冰等，受季节的影响，一般也只安排 1~2 个大周期。

在现代运动训练中有的项目的优秀运动员年度中参加重大比赛的次数较多，并要求多次创造优异运动成绩，因此有的研究提出多周期的安排，这在优秀运动员的训练中是需要进一步通过实践和科学研究加以探讨的。

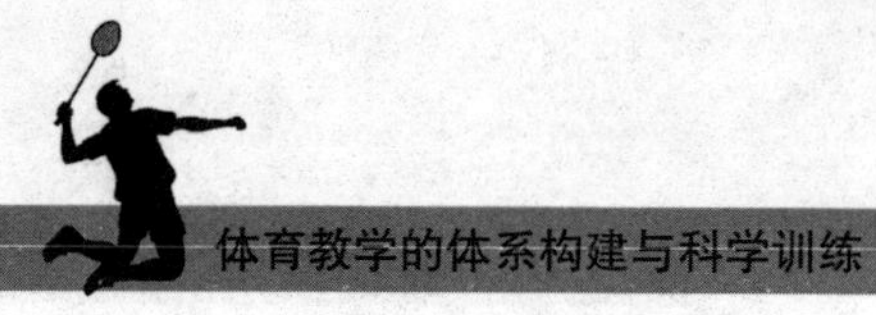

(四)区别对待原则

区别对待原则是指在运动训练过程中,要根据运动员的个人特点,有针对性地确定训练任务,选择方法、手段和安排运动负荷。区别对待原则中所指的个人特点,包括运动员的年龄、性别、文化水平、身体条件,承担负荷的能力、技术、战术水平和心理素质等各个方面;确定训练任务,包括从训练课直到全年或多年训练期望达到的目标和具体任务。

三、运动训练的要素

(一)训练量

训练量是训练的主要组成部分之一,因为它是实现高水平技术、战术和身体的先决条件。训练量有时被错误地认为仅仅是指训练的持续时间,但实际上它包含以下部分:

(1)训练时间或持续训练的时间。

(2)行进的总距离或抗阻训练的总重量(即:训练负荷=组数×重复次数×重量)。

(3)运动员在规定时间内完成一项练习或技术动作的重复次数。

(二)训练强度

训练强度是对运动员完成高质量训练的另一个重要训练因素。我们可以将训练强度定义为与功率输出(即能量消耗或单位时间做的功)、对抗力量或发展速度有关的训练要素。根据这个定义,运动员在单位时间内做功越多,训练强度则越大。强度是神经肌肉激活的函数,训练强度越大(如更大的功率输出、更大的外部负荷)需要更多的神经肌肉被激活。神经肌肉激活模式取决于以下四个要素:外部负荷、运动速度、疲劳程度及所从事的训练类型。另一个要考虑的因素是训练时的心理紧张程度。就训练的心理方面而言,哪怕是出现低水平的身体紧张,也会造成训练强度极大提高,从而导致注意力的分散和心理压力的产生。

(三)训练密度

训练密度是单位时间内运动员接受训练课的频率。训练密度时表现出

单位时间内训练与恢复的关系。因此训练密度越大,训练阶段间的恢复时间就越少。随着训练密度的增加,运动员和教练员必须建立训练与休息的平衡,从而避免引起过度疲劳或力竭,因为这些都会导致过度训练。

量化多次训练课(例如,在一个训练日或小周期)所需的最佳时间量非常困难,因为许多因素会影响运动员的恢复速度。在下一次训练课开始之前,本次训练课的训练强度和训练量对确定所需的时间量起主要作用。训练课的负荷(即训练强度和训练量)越大,所需的恢复时间就越长。此外,运动员的训练状况、实际年龄、使用的营养干预及恢复干预都会影响到运动员的恢复能力。在下一次训练开始之前,不需要从上一次中完全恢复,一般通过增加训练密度,并在训练日或小周期中运用不同负荷的训练课来促进恢复。

(四)总体需求指数

训练量、训练强度、训练密度及复杂性都会影响训练中运动员的总需求。虽然这些因素相辅相成,但加强其中任何一种因素而其他因素不进行相应的调整,都可能增加运动员的需求。比如,在发展高强度耐力时,如果教练员想保持同样的运动强度,则应增加训练量。在增加训练量时,教练员必须考虑怎样增加训练量才会影响训练强度及训练强度必须减少多少。

训练的计划和指导主要依赖于训练量、训练强度和训练密度三者的合理安排。教练员必须着重分析这些要素的变化曲线,尤其是训练量和训练强度。还应考虑到运动员的适应反应、训练阶段以及比赛的时间安排(赛程表)。训练要素的科学搭配可以让运动员在预计的时间达到最佳的训练效果,并获得最佳竞技能力。

第二节　球类运动项目训练

一、球类运动基本知识

在体育运动项目中,比较显著的一类就是球类运动,主要指的是一些运

动项目的总称,包含足球运动项目、篮球运动项目、排球运动项目、乒乓球运动项目、羽毛球运动项目与网球运动项目等。作为综合性较强的一项体育运动项目,球类运动对于参加者存在一定的要求,需要他们在具备良好基本运动能力的同时,例如,跑、跳、投等,还要对于球类运动各项项目的专门技术与战术熟练地掌握并应用。

对于球类运动而言,通常会在以下几个方面表现出它的特点。

球类运动的趣味性特点。所谓的球类运动,顾名思义,其练习活动的开展需要对"球"这一器材进行使用,因此,使得球类运动的趣味性与吸引力得到了增强。

球类运动的观赏性特点。在球类运动的高水平比赛中,存在着激烈的、紧张的、异彩纷呈的、高潮迭起的氛围。而人们关注的焦点不仅仅是球队的整体战略技术,还可以是球类运动员高水平的技能与技巧,所以,毫无疑问地说球类运动比赛的观赏能够给人带来艺术的享受与体验。

球类运动的锻炼性特点。众所周知,生命的主要意义在于运动的开展。如果在球类运动参与的过程中,能够对科学的锻炼方法进行使用,不仅能够作为有效的途径,实现练习者身体素质的增强,还能够作为有效的方法,使练习者的身体健康得到促进。

球类运动的广泛性特点。由于球类运动自身具有显著的特点,一直以来都受到人们的广泛追捧。伴随体育运动的不断发展,人们对于体育健身的思想观念逐渐加深了认识,同时,很多种类别的球类运动项目已经成为全球化的体育运动项目,例如,足球运动项目,被人们称作是世界第一运动。由于球类运动不限制参与者的年龄,即便是少年或者是老人都能够参与。所以,球类运动在人们生活中承载的任务也越来越重要。

二、球类运动中的各个项目

(一)篮球

篮球运动是将球投入对方篮筐,以得分多少决定胜负的集体球类运动项目。篮球也是一项全面的主动运动,同时也是现代竞技运动,是奥运会的

核心赛事。作为一项游戏,出色的健身活动在所有可以为身心做出贡献并赋予身体力量的人们中很受欢迎。作为一项竞技运动,它可以通过强者之间的对抗和斗争来显示和增强生活的活力。他们将留下自己的集体主义的勇气和风格精神。

19 世纪中叶以后,随着欧洲工业革命的发展,使得劳动生产和技术的创新以及生产率的提高。结果,社会的社会意识形态逐渐改变,并被新的生活方式、文明和进步所迷住。健康和繁荣一直是当时的发展趋势,在这种社会发展和进步的环境下,篮球已经产生并得到改善。

篮球从比赛开始就发展起来,由美国体育老师詹姆斯·奈史密斯(James Naismith)于 1891 年发明。在此期间,他在马萨诸塞州斯普林菲尔德的基督教青年会干部培训学校任教。因为该地区盛产桃子,所以孩子们经常举行在桃子篮子里扔球比赛。他从儿童游戏中汲取灵感,根据足球、曲棍球和其他足球的特点创作了篮球比赛。篮球最早于 1892 年从美国引入墨西哥,后来发展到整个墨西哥。这样,墨西哥是第一个与美国一起发展篮球的国家。从那时起,这项运动就被引入法国、英国、中国、巴西、捷克斯洛伐克、澳大利亚、黎巴嫩和其他国家。1932 年,在日内瓦宣布了八个国家,包括葡萄牙、瑞士、希腊、罗马尼亚、阿根廷、意大利、拉脱维亚和捷克斯洛伐克。成立了国际业余篮球联合会(FIBA),国际篮球比赛的规则最初已经标准化。男子篮球被列入 1936 年第 11 届奥运会。1946 年,美国篮球协会(NBA)领导人 BAA 成立。美国出现在职业篮球联赛中,并且正在演变为当前的 NBA,为竞技体育的专业性树立了榜样。男子和女子篮球世锦赛系统是在 20 世纪 40 年代末和 20 世纪 50 年代初引入的。自 1951 年以来,篮球一直是亚运会的正式比赛项目,并且在亚洲迅速发展。女子篮球被列入 1976 年第 21 届奥运会,篮球在世界范围内得到普及和发展。

世界上篮球水平最高的联盟现在是美国国家篮球协会(NBA)。篮球现在是世界上最受欢迎的运动之一。姚明和易建联是在 NBA 打球的中国著名篮球运动员。中国篮球协会(CBA)和中国女子篮球协会(WCBA)目前是中国顶级联赛。1998 年,中国大学体育协会在商业支持下管理着中国。中国大学篮球协会(CUBA)在激活校园和大学的文化生活中可以发挥积极的作

用,在促进大学中的篮球运动中可以发挥积极的作用。它也是中国最高水平的篮球联赛。

(二)羽毛球

最初的羽毛球比赛至少在2000年前就出现了。在日本,有14至15世纪的书面记录,球拍是用木头做的,球是用樱桃石和羊毛做的。大约在18世纪,这种游戏与印度浦那的第一个日本羽毛球比赛非常相似。球由带有毛皮的圆形硬纸板组成(类似于我们的羽毛球)。这个地方是木头做的。该游戏由两个人玩。彼此面对面站立,用手将球在板上来回滑动。

现代羽毛球出生于英国。在19世纪70年代,英国人从印度的浦那生产羽毛球到英国,并且通过发展皮草大衣以及细线技术进一步提高了羽毛球的质量。1873年,英国Bowfit公爵在他位于英格兰格拉斯哥伯明顿的家中举办了一场羽毛球比赛,公众称此事件为“羽毛球”。从那时起,这项活动便像野火一样蔓延开来,在世界各地流行开来,并发展成为当今的羽毛球运动。羽毛球运动大型赛事主要包括:奥运会羽毛球赛、世界杯羽毛球赛、世界羽毛球锦标赛、汤姆斯杯(世界羽毛球男子团体赛)、尤伯杯(世界羽毛球女子团体赛)、苏迪曼杯(世界羽毛球混合团体锦标赛)、世界羽毛球大奖赛总决赛等。

(三)足球

现代意义上的足球起源于英格兰,一个好事是1848年现代足球、现代规则、剑桥规则的诞生。1900年,足球被注册为奥运会的正式比赛项目,直到1904年国际足球协会(FIFA)成立,该组织承认200多个国家和地区为会员,并且是世界上最大的个人体育组织之一。主要的国际足球比赛主要包括世界杯、奥林匹克足球(世界杯上的女子足球比赛除外,特别是包括女子在内的世界杯)。其中,世界冠军足球比赛反映了世界足球发展的最高水平和方向,对促进世界足球的发展具有积极作用。如今,足球在世界范围内继续得到普及和推广,许多国家都将足球视为一种“民族运动”。

1840年以后,现代足球从英国传入中国。中国古代参加了远东足球比赛,两次参加了奥运会。中华人民共和国成立后,党和政府致力于在我国普

及和推广足球。现在,尤其是足球被视为体育改革的脚步,是从制度到采用的竞争制度的一系列改革措施。职业足球的早期形成是中国足球打基础的开始。2015 年,中国发布了《中国足球改革和发展总体规划》,概述了中国对发展足球的承诺。该计划提供了“三级”战略,分为短期、中期和长期目标:短期目标是简化足球管理系统,制订中长期足球发展计划以及创新足球管理模型。中期目标是获得青少年足球。不断增长的人口,职业联赛组织和比赛水平已跃居亚洲之首,国家男子足球队跻身亚洲最佳队伍之列,女子足球队已跻身世界最强队的行列。中国的长远目标是成功参加世界杯和男足奥运会。2016 年 4 月,国家发改委发布了《中国中长期发展计划(2016—2050 年)印刷发行新闻》,这是中国足球历史上第一个包含明确的长期发展计划的新闻。该计划明确规定了我国足球发展的三个阶段目标,即短期到 2020 年,中期到 2030 年,长期到 2050 年,从长远来看,我们必须“实现世界一流的足球国家目标”。

我国的足球运动水平与世界强国存在差距,但是也在不断提升。我国男足曾于 2002 年成功入围韩日世界杯足球赛决赛阶段比赛,虽然三战皆负,净负 9 球,但也是圆了中国球迷几十年的梦想。(但在 2018 年俄罗斯世界杯亚洲区预选赛中,中国男足艰难挺进 12 强赛,依然保留着进军世界杯的希望)。近年来,我国的职业联赛进行得如火如荼,特谢拉、拉维奇、热尔维尼奥、胡尔克、奥斯卡、保利尼奥等世界级球星加入中超,提升了中超联赛的水平和影响力,2016 至 2020 年的中超版权达到了 80 亿元,中超俱乐部也不断在国际赛场创造佳绩。

(四)乒乓球

乒乓球运动始于 19 世纪后期的英格兰,是乒乓球运动的开端。在 1880 年出版的《体育用品手册目录》中,乒乓球就是同一游戏的例证。欧洲人仍然称乒乓球为“乒乓球”,如果乒乓球是用网球制成的。1890 年,英国运动员詹姆斯·吉布(JamesGibb)从美国带来了一个空足球来打乒乓球。当球与架子或桌子碰撞时,会发出乒乓和乒乓的声音,因此被称为“乒乓”。在 20 世纪初期,乒乓球在欧洲和亚洲国家蓬勃发展。在 20 世纪 80 年代中期至后

期,中国乒乓球的发展速度减缓,来自欧洲的瑞典男队开始成长。他分别在1989年、1991年和1993年赢得了三届世界乒乓球锦标赛(世界网球锦标赛)联赛冠军。自20世纪90年代后期以来,男子乒乓球重新出现,并在1999年和2001年赢得了男子团体Swathlin杯冠军。

在过去的30年中,国际乒乓球联合会(ITTF)大大改变了乒乓球比赛的规则。“小球到大球”,“21分制到11分制”等一些改革扩大了球员之间的距离,增加了比赛的对抗性和偶然性。为了防止一个国家或地区垄断奥林匹克冠军和冠军,ITTF坚称,来自同一联盟的两对运动员必须在奥林匹克双打比赛中处于同一回合。这样,第二次进入决赛的人将来自不同的国家,该地区的两对选手将更有可能竞争。

(五)网球

网球的起源可以追溯到12至13世纪的法国,在这段时间里,年轻的法国传教士经常反复用手掌打球以适应单调的生活。如何在教堂的大厅中用绳子将两者分开,然后用手掌包裹头发的布将球击中。这是一项原始的网球运动。

随着打油比赛的不断发展,他们开始使用手套触摸球,然后用球棒演变成球。这种游戏不仅在教堂流行,而且在法国法院逐渐出现。在13世纪,法国国王路易五世将这项约会游戏确立为一项皇家运动,并禁止平民参加。这是基于这个故事,再加上现代网球运动在经济上的巨大投资,因此网球以前被称为“贵族运动”。

1875年,英国板球俱乐部制定了网球比赛规则。1877年7月,全英格兰板球俱乐部更名为全英格兰板球和草地网球俱乐部,这是第一届温布尔登男子单打比赛。之后,该组织确定网球场为23.77m×8.23m。矩形水表的水位是根据古老的中世纪评估方法评估的。等级0称为“love”,1分获胜被称为“15”,2分获胜被称为“30”,3分获胜被称为“40”,平局被称作“平局”。球网中心的高度为0.9米。1884年,英国伦敦的Maryleben板球俱乐部将球网的中心高度更改为0.914米。1877年7月,现代网球比赛受温布尔登规则的支配。

在1890年中期,网球进入了开放阶段。世界上许多国家和地区已经成

功地组建了网球协会并定期举办网球比赛。20 世纪 70 年代后,网球经历了前所未有的发展。在美国、法国、英国、德国、澳大利亚和俄罗斯,以及其他网球强国,网球的公众意识正在增强。据统计,1983 年美国有超过 4000 万人定期打网球,其中有 2000 万人是年轻人。在意大利,有 3000 多个俱乐部,会员人数为 100 万,在法国,只有 150 万注册会员,几乎所有会员都在墨西哥和澳大利亚打网球。

近年来,随着网球运动的日益普及,世界一流的球星已经出现在许多国家,而美国、澳大利亚和俄罗斯等一些国家的统治地位也在减弱。

第三节　有氧运动项目训练

一、有氧运动的基本知识

(一)有氧运动的概念

从本质上来讲,有氧运动指的是长时间开展的运动或耐力运动,能够有效地、充分地袭击练习者的心、肺,也就是练习者的血液循环系统与呼吸系统,使其心肺功能得到提高,进而保证身体的各组织器官都能够获得充分的营养供应与氧气,使得练习者最佳的身体功能状态得到维持。所以,有氧运动含义中所指的较长时间应该最好保持在超过 20 分钟,且维持在 30 分钟至 60 分钟之间,并且,其运动形式应该对于练习者心肺功能的提高能够起到一定的促进作用,常见的运动形式有步行、慢跑、原地跑、骑自行车、游泳、有氧健身操等等。而短跑、举重、静力训练或健身器械等运动,一般被称作无氧运动。虽然它们能够使人的肌肉与爆发力得到增强,但是,之所以说无氧运动的健身效果没有有氧运动理想,主要是因为有氧运动不能够使练习者的心肺功能得到有效刺激。

(二)有氧运动的特性

在有氧运动开展的过程中,机体吸氧量同机体消耗的氧气量之间存在

的关系是大致等于的关系，在运动的过程中只有这样，才能够使练习者始终处于“有氧”的状态下。同时，在时间短与强度高的情况下有一些运动也能够完成。在实际运动的过程之中练习者吸入的氧气量同其消耗的需求很难相适应，换句话说，练习者机体内部呈现出“入不敷出”的氧气状态，如果练习者长期处于这种“缺氧”的状态，从事这样的无氧运动，那么十分不利于练习者机体的健康发展。

有氧运动会消耗机体的氧气，将一种不至于上气不接下气，但是会有轻微气喘的感觉带给练习者；有氧运动会使练习者不至于大汗淋漓，但是会轻微出汗；有氧运动不会使人感觉到肢体的疲劳感，会舒展练习者的全身。一种好的有氧运动，并不是上肢或者下肢的局部运动，而是一种全身性运动。如果能够在悦耳的、有氧的音乐背景下开展有氧运动，那么对于练习者长时间的投入是有利的，能够促进更加良好锻炼效果的取得。所以，对于有氧运动的特性，作者进行了如下的总结。

1.需要较长时间开展的运动

有氧运动是一种需要较长时间开展的运动，最佳持续时间应该保持在20分钟至60分钟之间，而练习者体内的糖或脂肪等物质的氧化为运动提供了所需要的能量。

2.一种全身性的肌肉活动

对于有氧运动而言，在开展时如果练习者机体全身参加的肌肉越多，那么获得的效果就越好，最佳状态是1/6至2/3的肌肉群。反之，如果练习者开展的是小肌肉的局部性运动，那么就非常容易导致局部疲劳，直接中断了运动过程，因此，想要持久开展是不可能的；同时，足够的氧气消耗量是很难达到的，更不要说促进血液系统、呼吸系统与循环系统的改善与提高了。[1]

3.具备一定的强度

对于有氧运动而言，应该在某一个特定的强度范围保持，最好是在中等强度、低等强度之间，同时，应该保持20分钟或者是更长的持续时间。

---

① 沈建敏：《体育教学创新与运动训练研究》，新华出版社2018年版。

4.具有一定的律动性

对于有氧运动而言,实际上是一种肢体的律动性活动。如果运动是具备律动性的,那么就很容易对运动强度进行控制,只有这样才能够在适宜的有氧运动强度范围内,维持合适的运动强度,进而获得最佳的效果。反之,如果运动是断续性的,那么就会存在较大的强度变化,从而获得不理想的运动效果。

二、有氧运动中各个项目的训练

(一)有氧健身走

在人们生活中存在的一种基本运动形式就是走,同时,这也是人们掌握最早的健身方法。由于它没有性别、年龄、体质强弱与场地器材的约束,因此,只要长时间坚持走就能够使身体得到强健,对疾病进行防治,获得延年益寿的效果。因此,千百年来,经久不衰。

在1992年的时候,世界卫生组织关于走进行了明确的指示,即步行是世界上最好的运动。在步行的时候,因为机体的大部分肌肉与四肢肌肉都得到了活动,可以对肌肉萎缩进行防护。相关科学研究证明,如果一个人能长时间坚持走路,那么他的腿部肌肉群的收缩会比一般人多。如果人的步行速度较快,时间较长,路面存在较大坡度的话,那么就会产生越重的负荷,主要表现在心跳加快、心肌收缩加强、增大心排血量,那么就能够有效地锻炼心脏。对此,医学家的观点是,对于大多数人而言,每一天的行走路程应该至少保持在60分钟,也就是5千米。如果一名男子每一天进行不超过1个小时的步行,那么同每一天步行在1个小时以上的男子相比,前者比后者会高出4倍的心脏局部贫血率。

在吃饭之前,或者之后进行行走,不仅能够使食欲得到增加,消化得到促进,同时还能够对糖尿病进行有效的防治。唐代著名的医学家孙思邈曾经发表过这样的观点,即“食毕当步行”“令人能饮食无病”。现代医学也证明了,步行能够使神经肌肉紧张得到缓解,使大脑的血液循环得到促进,所以,能够使脑细胞的功能得到有效的发挥。

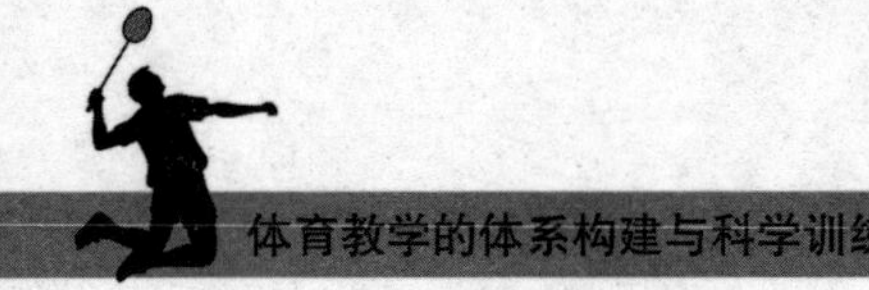

尽管有氧健身走看起来简单,但是却有着巨大的学问蕴含在其中。对于有氧健身走的基本技术进行掌握,使正确的走姿得以形成,能够使体质得到有效的增强,促进形体的健美。

在有氧健身走开展的过程中,应该摆正头部、双眼目视前方,自然伸直躯干,沉肩,微挺胸腰,微收腹。这样的姿势对于畅通经络是非常有效的,能够保证顺畅的气血运行,使人体在良性的状态下活动。

在有氧健身走开展的过程中,前移身体重心,保证臂部与腿部之间的协调配合,同时要有适中的步幅与自然、有力的步伐,当两只脚落地的时候要具备一定的节奏感。

在有氧健身走开展的过程中,应该保证自然的呼吸,对于腹式呼吸的技巧要尽量注意,也就是说应该尽可能稍用力地呼气,自然地吸气,使步伐节奏和呼吸节奏之间协调配合,只有这样才能够在开展较长距离的步行时,使自身的疲劳感减少。

在有氧健身走开展的过程中,对于一些技巧要始终注意,即紧张和放松、借力和用力,也就是说,当用力步行几步以后,可以顺势借力再走几步,这样的转换方式能够使步行的速度得到大大提高,同时会使人获得轻松的感受,使体力得到节省。

(二)有氧健身跑

我们在本文中所提及的有氧健身跑,主要是指一项群众性的健身活动,即通过跑步能够使身心健康得到增强。尽管有氧健身跑没有较强的吸引力,然而,作为一项有氧运动,却是最为有效、最为简单的。

有氧健身跑的价值主要会通过以下几个方面表现出来:

一是有氧健身跑能够使心脏得到保护。有氧健身跑锻炼能够促进冠状动脉血液循环的良好保持。如果能够长时间开展有氧健身跑锻炼活动,那么其并不会随着年龄的增长而缩窄自身的冠状动脉,能够保证心肌供血的充足,进而使各种心脏病得到有效预防。

二是有氧健身跑能够使血液循环得到加速,使血液分布得到调整,使瘀血现象得以消除,促进呼吸系统功能的提高。作为全身性的一种健身运动,

有氧健身跑能够对静脉血液回流起到有力的驱动作用，使盆腔和下肢静脉淤血的情况得到减少，使静脉内血栓的形成得到预防。此外，有氧健身跑开展的过程中，呼吸力量得到了加强，呼吸深度得到加大，进而使肺部的通气量得到有效的增加，积极地影响着呼吸系统。

三是有氧健身跑能够使神经系统的功能得到增强，使脑力劳动者的疲劳得以消除，对神经衰弱进行预防。有氧健身跑能够对大脑皮层的抑制与兴奋进行调整，同时对于人体内部平衡、精神振作与情绪调剂也存在一定的调整作用。

四是有氧健身跑能够使人体新陈代谢得到促进，体重得到控制，对肥胖症进行预防。在有氧健身跑开展的过程中，能量的消耗是不可避免的，能够对机体的新陈代谢起到一定的促进作用，对于中老年人，尤其是中年人而言，能够较好地实现减肥的目的。此外，有氧健身跑还能够使脂质代谢得到改善，使血内脂质过高的情况得到预防，进而促进高脂血症的预防与治疗。

在有氧健身跑开展的过程中，练习者应该保证正确的跑步姿势，只有这样才能够在节省体力的基础上跑得更快。练习者应该保持身体的正直状态，同时向前微倾，不能使头部和上半身摇晃，应该始终在一条直线上保持。对于练习者摆动双臂的动作而言，不仅仅要对身体的平衡进行维护，还能够对于两条腿的摆动动作与蹬地动作起到一定的帮助，使跑步的速度得到加快。双臂在摆动的时候应该同躯干之间保持一定的距离，同时自然地前后摆动；双手应该保持半握拳的自然状态，适当地弯曲肘关节，把肩关节作为轴，在做前摆动作的时候，尽可能地不将肘部露出来，在做后摆动作的时候，尽可能地不将手部露出来。同时，切记低头动作、端肩动作与弯腰动作都不能出现。之所以向后蹬双腿，目的是为了产生身体前进的推动力，需要注意的是，应该积极有力地进行后蹬，充分伸直髋关节、膝关节与踝关节，腿部的前摆能够使有氧健身跑的步伐得到加大，在做前摆动作的时候，练习者应该放松大腿，同时向前按照惯性呈自然折叠状态。

在冬季来临的时候，就会存在较低的气温，因此，练习者在开展有氧健身跑练习活动之前必须将准备活动做好，使运动损伤的情况得到防止。如果有氧健身跑每一天都开展的话，那么由于消耗的水分多，练习者需要对适

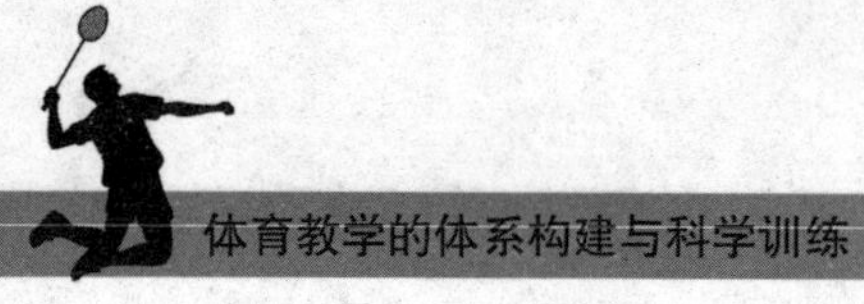

当的盐分与水分进行补充。夏季来临的时候,在凉爽的清晨或者傍晚开展有氧健身跑练习活动是比较合适的。但是,需要注意的是,当有氧健身跑练习活动结束以后,应该适当做一些整理活动。

第四节　无氧运动项目训练

一、无氧运动能力概述

无氧运动能力是人体竞技运动能力之一,其是反映人体短时间、快速运动的主要能力,其对应着机体供能代谢的变化特征和表现规律。科学、正确地认识人体运动过程中机体能量代谢的变化和表现规律是运动过程中能量代谢客观规律的反映,应该是运动训练过程中能量代谢的普遍经验的概括和科学研究成果的结晶。能量代谢的关联与规律是不以人们的主观意志为转移的客观存在,在机体运动过程中客观存在并不断转变,在一定条件下影响着机体的运动能力。不管是竞技运动的参与者还是指导者都应该了解和认识机体竞技运动过程中能量代谢的规律,只有在运动训练过程中遵循和适应机体能力代谢的规律,才有可能提高机体的运动能力,进而取得运动训练的成功,取得竞技运动的优异成绩;而任何不遵循和不依靠机体能量代谢规律的活动和训练,都必然受到机体生物规律的惩罚,甚至损坏机体的健康水平。一般,在运动训练中依据机体能量代谢的规律作为我们运动训练活动的基础原则,以机体能量代谢的基本规律指导运动训练,就能够有针对性地安排科学的训练手段和内容,能够有效地对运动员的机体进行改造、改进和提高运动员的基本运动能力,进而提高运动员的运动成绩。

竞技运动员的无氧运动能力是其参与竞技比赛和训练的运动能力的核心要素。竞技运动中机体的无氧运动能力具有其客观的本质特征,这些本质特征就是无氧运动能力在竞技运动中的变化与表现规律。为了科学地进行运动训练,有效地通过运动训练提高竞技运动员的无氧运动能力,首要的

是通过运动训练实践的科学总结,结合运动人体科学的研究成果,以及竞技运动项目的不同特征,正确地认识和把握运动训练活动和比赛过程中,不同水平运动员在不同运动项目或技术动作片断中无氧运动能力的变化和表现规律。在竞技运动训练活动和比赛过程中,运动员无氧运动能力的变化与表现规律主要有以下几点。

第一,机体无氧运动能力是以无氧代谢供能系统为主导性作用的;

第二,竞技运动员的无氧运动能力是其运动能力的重要组成部分,其是运动员短时间、高强度运动主要能力的体现;

第三,竞技运动员无氧运动能力的供能系统主要由 ATP、ATP-CP 和无氧糖酵解三大供能系统组成;

第四,竞技运动员无氧运动能力的变化主要受到遗传、环境和运动训练三个方面因素的影响;

第五,依据无氧运动能力的供能特征以及运动实践特征,无氧运动能力具有不同的类型,每种类型的无氧运动能力都具有其独有的特征和表现规律;

第六,运动训练可以使竞技运动员的无氧运动能力产生明显的改变;

第七,外部施加的运动负荷可以引起竞技运动员机体生理和心理系统产生积极的或消极的应激反应,与此相对应的机体无氧运动能力将得到提高或者下降;

第八,竞技运动员的无氧运动能力是不断变化的;

第九,在特定的比赛环境中,通过适宜的准备,竞技运动员可以高度动员其生理和心理系统,充分或超水平发挥和表现出其自身和在训练中已经获得的无氧运动能力;

第十,竞技运动员的无氧运动能力可以间歇地重复动员和利用,但是需要在必要的条件下进行调整和恢复。

二、无氧运动能力的基本特征与训练

无氧运动能力作为一种人体运动能力,其在机体参与竞技运动中发挥着重要的作用。从生物学角度来讲,无氧运动能力的供能基础是依赖于无

氧代谢供能系统，即 ATP-CP 系统和无氧糖酵解系统，但是从运动训练实践和竞技运动实践的角度来讲，由于运动项目的时间、形式、强度、特点的不同，无氧运动能力在运动实践中表现的形式也不同，根据无氧运动能力的本质特征以及不同运动项目的运动实践需求，本章将无氧运动能力划分为不同的类型：神经性无氧运动能力、原发性无氧运动能力、保持性无氧运动能力、持续性无氧运动能力、间断性无氧运动能力。不同的无氧运动能力类型具有其不同的生物学供能特征，同时不同类型的无氧运动能力在运动实践中具有其不同的实践特征，具有其不同的运动表现形式，反映不同的运动特征，满足于不同的运动项目、运动技术的需求，同时也体现了不同项目运动员不同的运动能力。

（一）神经性无氧运动能力的基本特征与训练

神经性无氧运动能力反映的是机体极限爆发的能力，是机体极短时间、瞬间运动能力的集中体现，同时反映运动员遗传性爆发能力或快速运动能力。根据以往的研究表明：神经性无氧运动能力的主要影响因素是运动员的遗传因素，后天运动训练在一定程度上也可以提高运动员的神经性无氧运动或者极限化这种无氧运动能力，但是后天训练的影响指数不大。

由于神经性无氧运动能力更多地反映运动员的遗传素质，反映运动员先天性爆发能力，因此对于运动员的选材具有非常显著的实践意义。有些运动项目在极短时间内完成比赛或技术动作，需要运动员具有先天性爆发能力，即要求运动员具有较强的神经性无氧运动能力。例如，举重最后用力，田径跳高、跳远的起跳动作，铅球标枪的最后出手动作，拳击的快速出拳动作，足球的最后全力射门动作，排球的起跳到最后大力扣球动作、短距离赛跑、短道速度滑冰的起跑动作等技术动作，从事此类运动项目的运动员的神经性无氧运动能力往往是决定比赛成绩、技术动作有效性、成功性的关键因素，因此在运动员的选材上就要鉴别其神经性无氧运动能力的水平。

可见，神经性无氧运动能力在竞技运动训练和竞赛实践中表现出来的是运动员的爆发能力、快速运动能力或对抗能力，是相应运动项目和技术动作有效完成的决定性运动能力。虽然神经性无氧运动能力和运动员的遗传

因素密切相关,但是后天的运动训练还是对运动员提高无氧运动能力具有一定的效果。通过科学有效的运动训练,可以使运动员的技术动作更合理有效,可以使运动员更有效地发挥无氧运动能力,使运动员在完成技术动作或比赛中神经性无氧运动能力发挥得更直接、更有效、更极限。在竞技运动训练实践中,反复多次、适当负荷、相似技术动作的训练有助于运动员神经性无氧运动能力的提高。例如,在举重训练中,接近极限负荷反复多次提拉杠铃的训练,对于提高运动员瞬间爆发力量具有良好的效果,可以有效地提高运动员上肢神经性无氧运动能力;在短道速滑500米项目的起跑训练中,反复多次的模拟大赛决赛阶段的起跑训练,在完善运动员起跑技术的同时,可以有效地提高运动员起跑效果和成绩,进而有效地提高运动员机体神经性无氧运动能力。

根据神经性无氧运动能力和肌细胞ATP系统的特征,在提高运动员机体神经性无氧运动能力训练中应注意以下几点:注意运动员的选材类型、采用运动员机体极限或亚极限力量或速度进行训练;采用接近于比赛负荷条件下进行训练、每次练习时间不超过5秒,运动技术动作要反复完善形成机体对技术动作的动力定型。

(二)原发性无氧运动能力的基本特征与训练

原发性无氧运动能力反映的是运动员机体以无氧代谢为主要供能系统的短时间、高强度、快速运动的能力。原发性无氧运动能力主要反映的是运动员机体在ATP-CP供能系统下,15秒左右(以内)运动机体极限强度运动的能力。以往的研究表明:机体主要以ATP-CP供能系统下的运动能力受到运动机体遗传因素的影响比重较大,原发性无氧运动能力主要体现为运动机体的速度能力,即运动员个体的速度素质。而原发性无氧运动能力更多的是反映运动员15秒左右(以内)的绝对速度,运动员的速度素质受到运动个体肌肉类型的遗传因素影响比重比较大,研究证实后天的运动训练对于原发性无氧运动能力也具有显著性的影响,但是遗传因素和后天训练对于原发性无氧运动能力的影响比重目前还没有明确的研究数据证实。由于运动个体因素等不同原因,这种影响比重也没有明确的标准,但是原发性无

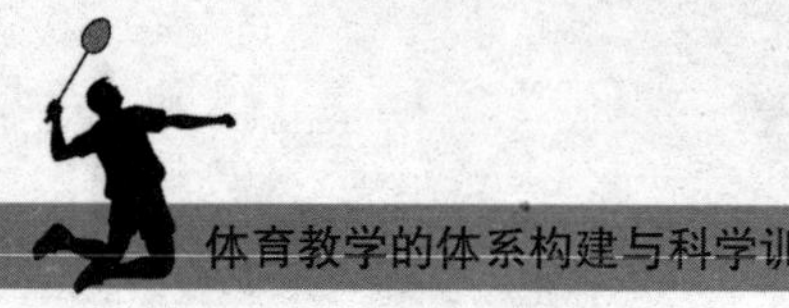

氧运动能力的水平至少能够体现运动员的速度类型或耐力类型。

由于原发性无氧运动能力更多的是反映运动员的速度素质和爆发素质,同时受到遗传因素和后天训练的影响,因此运动员的选材及后天的运动训练对运动个体原发性无氧运动能力具有重要的意义。有些运动项目或技术动作需要运动个体在 15 秒左右(内)采用极限强度等运动方式完成,需要运动个体具备极强的速度素质、爆发素质和力量素质等,即需要运动员具备极强的原发性无氧运动能力。例如,100 米赛跑、100 米速度滑冰、25 米游泳、500 米自行车、110 米跨栏跑等运动项目或技术环节,此类运动项目的特点是往往在 10~12 秒内完成整个比赛过程或技术动作环节,10~12 秒内决定比赛的胜负或运动成绩的好坏,因此说原发性无氧运动能力将成为决定比赛胜负和成绩好坏的关键因素之一,即原发性无氧运动能力是决定这类项目或技术动作的主要运动能力。

因此说,原发性无氧运动能力在竞技比赛和训练中表现出来的是运动个体 15 秒钟左右(内)极限强度、快速运动的能力,是相应的运动项目和技术动作决定性运动能力。虽然原发性无氧运动能力受到运动员机体遗传因素的影响,以往研究表明:运动员的肌肉类型是决定原发性无氧运动能力的主要因素,但是后天训练对于运动机体原发性无氧运动能力的提高同样不可忽视。如果说运动机体的遗传素质是影响其原发性无氧运动能力的必备因素,那么后天的科学训练就是影响其原发性无氧运动能力的必需因素,两者相辅相成,缺一不可。运动机体的遗传因素是其无氧运动能力水平的根本保证,后天科学的运动训练能够将运动机体自身的无氧运动能力完全释放出来,可以使运动机体在竞技比赛中最大限度地发挥其原发性无氧运动能力的水平。在运动训练中,通过各种科学有效的有针对性的专项训练,能够提高运动机体在相应的运动项目中原发性无氧做功的总量,同时可以有效地提高运动机体在相应运动项目和技术动作的原发性无氧做功的功率,因此说,后天的运动训练能够有效地提高运动机体原发性无氧运动能力。

根据原发性无氧运动能力的理论机制和机体 ATP-CP 系统的供能特征,在保证和提高运动机体原发性无氧运动能力的运动训练过程中应该注意:要注意运动员的选材、注意运动员的肌肉类型,采用接近极限强度和亚极限强度进行训练，训练时间接近10~15秒为适宜，专项技术动作要反复练习以致能达到动作定型。

（三）保持性无氧运动能力的基本特征与训练

保持性无氧运动能力体现了机体在短时间、极量运动项目中所需要的能量供能。能力是机体保持极量运动能力的体现，反映运动机体保持速度、保持负荷强度的能力。保持性无氧运动能力主要体现的是运动机体在竞技比赛和训练中完成30~180秒以内极量运动或亚极量运动的能力，保持性无氧运动能力的供能反映的是机体极限供能和机体ATP-CP供能能力、糖酵解供能能力的一种保持性能力。以往的研究已经表明：运动机体从静止开始后，以极限强度运动2秒内，主要依靠机体神经系统募集体内储存的ATP进行供能，10~12秒的极限强度运动主要依靠ATP-CP系统供能，但是一般极限运动状态下，ATP-CP系统只能维持机体10~12秒以内的供能需求，再长时间极量运动就需要糖酵解系统供能，但是在竞技比赛和运动实践中，许多运动项目和运动实践片段都需要运动机体能够保持极量运动或亚极量运动30~180秒，这些运动项目和运动实践片段体现的是运动机体以上两种供能方式的保持性能力，即保持无氧运动能力，更多体现的是运动机体在竞技运动实践过程中保持极限强度运动的能力以及保持ATP-CP系统供能、糖酵解系统供能的能力。如果说神经性无氧运动能力和原发性无氧运动能力都要受到运动个体遗传因素的关键性制约，那么保持性无氧运动能力主要是通过运动个体后天的科学训练获得的。因此，本章认为：后天的科学运动训练对于提高运动个体的保持性无氧运动能力具有决定性的作用和意义。

由于保持性无氧运动能力更多的是反映运动机体极量运动中保持速度、保持强度的能力，体现的是运动个体30~180秒内保持高强度、高速度、高对抗运动的能力。保持性无氧运动能力在运动机体遗传因素的基础上，主要依靠后天科学训练对该能力的开发和改善，因此，保持性无氧运动能力是后天科学训练主要能够提高的无氧运动能力之一。如何科学训练来提高运动机体的保持性无氧运动能力是无氧运动能力训练的主要解决问题之一。有些运动项目和技术动作过程主要依靠保持性无氧运动能力来决定竞

赛的胜负和技术动作过程的效果。例如,200米跑、400米跑、800米跑,500米速度滑冰、1000米速度滑冰、50米游泳、100米游泳、篮球比赛中一次高强度的24秒防守、足球比赛中的一次持续30秒左右的进攻、羽毛球比赛中一次多拍对抗等,此类运动项目或技术动作过程的特点是一般在30~180秒完成,30~180秒内决定比赛的胜负或某一技术动作环节的胜负,保持性无氧运动能力是运动个体完成此类项目比赛,决定比赛胜负和成绩好坏的关键因素之一,即保持性无氧运动能力是决定此类项目和技术动作过程的主要运动能力。

因此,保持性无氧运动能力在竞技比赛和训练过程表现出来的是运动机体30~180秒保持高强度、高速度极量运动的能力,是相应运动项目和技术动作的决定性运动能力。根据人体能量供应的特征,保持性无氧运动能力主要是通过后天训练开发和提高的,运动员的个体遗传素质(肌肉类型、神经类型等)是保持性无氧运动能力的基础,后天科学训练是运动机体保持性无氧运动能力的核心因素,通过科学的运动训练可以明显地改变和提高运动机体的保持性无氧运动能力。通过科学有效的高强度、高负荷的专项训练能够改变和提高运动机体的专项保持性无氧运动能力。提高运动机体的保持性无氧运动能力需要采用运动个体极限强度或亚极限强度的训练强度,或采用最接近于比赛实践的形式,采用接近30~180秒或长于30~180秒的运动时间。另外,不科学或不适合运动机体的运动训练不仅不能提高运动机体的保持性无氧运动能力,还可能降低运动机体的保持性无氧运动能力。保持性无氧运动能力还具有明显的实效性,其会随着科学的运动训练而不断地改变或提高,其同时也会随着运动训练的停止而下降。因此,保持性无氧运动能力的改变和提高是运动机体对于运动训练的一种适应现象,科学有效的运动训练是提高运动机体保持性无氧运动能力的重要手段之一。

根据以上分析的保持性无氧运动能力的理论与应用机制以及保持性无氧运动能力主要供能系统ATP-CP系统和糖酵解系统的供能特征,在改变和提高运动个体保持性无氧运动能力的运动训练过程中应注意:注意运动训练的负荷,采用极限负荷或亚极限负荷进行运动训练,每组训练时间控制

在 30~180 秒或略长于 30~180 秒。同时注意对技术训练和其他运动能力的训练。

（四）持续性无氧运动能力的基本特征与训练

持续性无氧运动能力反映的是运动机体在较长时间内较高速度、较高强度、较高负荷的运动过程中所表现出来的极量运动的能力。反映运动机体在 ATP-CP 供能系统、无氧糖酵解供能系统下较长时间运动过程中持续供能的能力，反映运动个体在有氧代谢供能系统不断供能运动基础上，无氧供能系统快速供能的能力，反映运动个体在保持 5~15 分钟以内较高速度、较高强度、较高负荷的持续运动过程中极限速度、极限强度的运动能力。持续性无氧运动能力的主导性供能系统是 ATP-CP 供能系统和无氧糖酵解系统，但是与保持性无氧运动能力不同的是，保持性无氧运动能力反映的是运动机体绝对性 ATP-CP 供能系统和无氧糖酵解系统的供能能力，持续性无氧运动能力反映的是运动机体相对性 ATP-CP 供能系统和无氧糖酵解系统的供能能力。持续无氧运动能力主要反映运动机体在较长时间运动过程中、在有氧代谢系统供能过程中无氧供能的能力。在竞技比赛和运动实践过程中，有些运动项目需要运动机体持续运动 5~15 分钟，这些运动项目的特点是运动开始阶段不是极量运动，但是整个运动过程中要求运动员持续保持亚极量运动强度，整个运动过程中有氧代谢供能和无氧代谢供能共同作用，但是在运动过程中由于战术的需要，或者在运动过程的结束阶段，需要运动员采用极量的运动方式运动，这时需要无氧供能系统提供主导性能量供应。无氧运动系统的供能成为整个运动过程的主导性因素，也可以说无氧运动能力是该项运动成绩的主导性因素。因此本章认为：持续性无氧运动能力的高低与运动机体的有氧供能系统能力密切相关，持续性无氧运动能力主要靠后天科学训练获得。

由于持续性无氧运动能力更多的是反映运动机体在较长时间（5~15 分钟）运动过程中或运动结束阶段的快速、极量运动的能力，体现的是运动机体在持续运动基础上高强度、高速度、高对抗的运动能力。持续性无氧运动能力是运动机体在有氧代谢供能系统供能基础上的无氧供能系统的供能能

力,主要依靠后天的科学训练开发与获得。因此,后天的科学训练是运动机体提高持续性无氧运动能力的主要手段之一,如何通过科学训练提高运动机体的持续性无氧运动能力是无氧运动能力训练的主要问题之一。有些运动项目的竞赛实践过程中持续性无氧运动能力是决定竞赛胜负的关键因素之一,如3000米跑、5000米跑、5000米速度滑冰、10 000米速度滑冰、400米游泳、800米游泳等。此类运动项目的特点是一般在5~15分钟,平均运动强度都比较大,要求运动机体能够在整个过程中保持较高速度、较高强度,运动过程中运动机体大量积累乳酸,但是同时要求运动机体在运动结束阶段具备高速度、高强度、高负荷的运动能力。因此,持续性无氧运动能力是决定此类运动项目竞赛胜负的关键因素之一。

因此持续性无氧运动能力其实反映的是运动机体持续保持高速度、高强度运动的能力和运动最后阶段极限速度和极限强度的运动能力。根据持续性无氧运动能力的供能特征和方式,持续性无氧运动能力主要依靠后天运动训练获得,科学有效的运动训练能够有效地改善和提高运动机体持续性无氧运动能力。根据持续性无氧运动能力的特征,在运动训练过程中,需要采用接近或超过运动专项时间的训练时间,采用具有针对性的训练方式发展运动机体持续性无氧运动能力,一般可以采用间歇训练法或重复训练法来有针对性地提高运动机体持续性无氧运动能力。另外,值得注意的是,不科学或不适合运动个体的运动训练不仅不能提高运动机体的持续性无氧运动能力,还可能破坏运动机体的无氧运动能力。持续性无氧运动与运动训练之间有非常明显的影响关系,同时具备非常明显的实效性,其会随着科学的运动训练而不断地改变或提高,同时也会随着运动训练的停止而下降。因此,持续性无氧运动能力的改变和提高是运动个体机体对于运动训练的一种适应现象,科学有效的运动训练是提高运动个体持续性无氧运动能力的重要手段之一。

根据以上分析的持续性无氧运动能力的理论与应用机制以及持续性无氧运动能力主要供能系统的供能特征,在改善和提高运动机体持续性无氧运动能力的运动训练过程中应注意:主要运动训练过程中的训练时间,采用极限负荷或亚极限负荷进行运动训练,采用间歇训练或重复训练方法进行

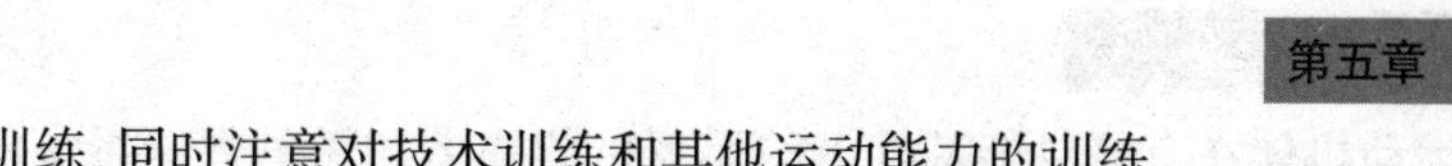

训练,同时注意对技术训练和其他运动能力的训练。

(五)间断性无氧运动能力的基本特征与训练

间断性无氧运动能力反映运动机体在较长时间(30 分钟以上)竞技运动过程中表现出来的不止一次的短时间、极限速度、极限对抗的快速激烈运动的一种无氧运动能力。反映运动机体 ATP-CP 供能系统和糖酵解供能系统在较长时间的运动过程中间断、重复进行供能的能力,反映运动个体在有氧供能系统不断持续进行供能运动的基础上,无氧供能系统间断性、重复性、多次进行快速供能的能力。间断性无氧运动能力的主要供能系统是 ATP-CP 供能系统和糖酵解供能系统,但是间断性无氧运动能力的供能基础需要相对具有强大的有氧供能系统。和其他类型无氧运动能力不同的是,间断性无氧运动能力是运动机体在较长时间内表现出来的无氧运动能力,也可以说是运动机体在较长时间有氧运动过程中表现出来的高速、高对抗、高强度的运动能力。间歇性无氧运动能力既反映运动机体 ATP-CP 供能系统和糖酵解供能系统的供能能力,同时还反映着运动机体在较长时间运动过程中无氧供能系统每次供能后的及时恢复能力。在竞技比赛和运动实践过程中,有些运动项目或运动过程需要运动机体在较长时间的运动过程中,根据运动项目特征、技术战术的需要等因素,需要运动机体间断性、重复性和多次的采用极量的运动方式运动,这种极量的运动时间从几秒钟到几十秒钟不等,这种间断的运动需要无氧供能系统提供主要能量,但是同时需要有氧供能系统作为基础。因此,间断性无氧运动能力的高低与运动机体的无氧供能系统和有氧供能系统密切相关,而且更多体现的是运动机体无氧供能系统供能后的恢复能力,间断性无氧运动能力主要靠后天科学训练获得。

由于间断性无氧运动能力的特征,其是反映运动机体在较长时间(30 分钟以上)的运动实践过程中间断性、重复性、多次进行极量、亚极量快速运动的能力,体现的是运动机体在较长时间有氧运动的基础上多次进行短时间高强度、高速度、高对抗的运动能力,反映的是运动机体在长时间有氧供能基础上无氧供能系统反复快速供能和恢复的能力。间断性无氧运动能力体

现更多的是运动机体在有氧供能基础上的无氧供能能力和无氧供能系统的恢复能力,因此与运动机体自身遗传因素相关性很小,主要依靠后天的科学训练获得与发展。因此,后天的科学训练是运动机体提高间断性无氧运动能力的主要手段之一,如何通过科学训练提高运动机体的间断性无氧运动能力是无氧运动能力训练的主要问题之一。有些运动项目的竞赛实践过程中间断性、重复多次的间断性无氧运动能力是决定竞赛胜负的关键因素之一,如整场的篮球、足球、网球、羽毛球比赛等,短道速度滑冰的接力项目、长距离跑和自行车运动、系列性竞赛等。此类运动项目或运动过程和赛事的特点是整个的竞赛或赛事的时间都比较长,在运动过程中需要运动机体反复、间断性地多次进行高速度、高强度、高对抗的短时间快速运动,运动过程中运动个体乳酸持续性积累,需要运动个体具有较强的耐乳酸和代谢乳酸的能力,需要运动机体具有较强的无氧供能系统的恢复能力,因此,此类运动项目需要运动机体同时具有较强的有氧运动能力和间断性无氧运动能力。因此,间断性无氧运动能力是决定此类运动项目或系列赛事取得胜负的关键因素之一。

因为间断性无氧运动能力虽然反应的是运动机体短时间高速度、高强度、高对抗的能力,但是这种快速运动能力是在较长时间有氧运动过程基础上的,而且是反复多次的无氧运动能力。根据间断性无氧运动能力的供能和表现特征和方式,间断性无氧运动能力主要依靠后天运动训练获得,科学有效的运动训练是发展和提高运动机体间断性无氧运动能力的最主要途径之一。根据间断性无氧运动能力在运动实践中的表现特征,提高运动机体的有氧代谢能力和无氧代谢系统的恢复能力,以及缩短无氧代谢系统的恢复时间是发展和提高运动机体间断性无氧运动能力的主要手段。因此,在运动训练中需要采用相应的手段有针对性地发展和提高运动员的间断性无氧运动能力。间断性无氧运动能力同样具有运动训练的实效性,其会随着运动训练的进程和效果不断发展与变化,同时会随着运动训练的停止而不断地减退。

根据以上分析的间断性无氧运动能力的理论机制以及间断性无氧运动能力在运动实践中的表现特征以及供能系统的特征,在改善和提高运动机体间断性无氧运动能力的运动训练过程中应注意：注重运动训练过程中的训练时间、训练方式和训练手段的适宜性，注意机体有氧供能系统和无氧供能系统的协调发展，同时注意对技术训练和其他运动能力的训练。

第六章

当代体育教学体系的创新与完善

体育教学体系是依据特定的教学理论和体育教学规律而归纳提炼出的具有典型性、稳定性的教学样式,包括体育教学过程的结构和相应的教学方法。当代体育教学体系的创新与完善离不开先进的体育教学思想与改革。本章即针对当代体育教学体系的创新与完善进行一定的阐释。

第一节　新时期体育教学思想的创新应用

新时期,科学体育教学思想得到了进一步的发展和创新,其中,较为具有代表性的有“以人为本”“健康第一”“终身体育”这几个方面,下面就对这几个方面的教学思想及其应用加以分析和研究。

一、“以人为本”教学思想及其应用

(一)“以人为本”教学思想概述

1.“以人为本”教育思想的含义

关于“以人为本”教育思想的含义,我国相关学者都提出了自己的观点

和看法。其中,较为具有代表性的有以下几种。

学者王景英的主要观点是,“以人为本”教学思想的核心是教育一定要使人的主体地位得到有效提升,将教师和学生作为课堂教学活动的主体,并将“以人为本”教学思想作为一切教育活动的基本原则。另外,“以人为本”的教学思想强调,学校体育管理者和教师的存在都是为学生服务的。归根结底,“以人为本”实际上指的是“以学生为本”,从这个意义上来说,学校教育要“以育人为本”。王教授还指出教育应当以培养学生的主体性,增强学生的主体地位为本。“人”的主体性的重要内涵是自主性和创造性。提高学生的主体地位就是要把尊重、提高、弘扬学生的主体意识、主体性作为一切教育、教学、管理活动的指导原则。

燕国材教授的主要观点为,教育就必须“以人为本”,尊重、理解、关心和信任每一个学生。教育就是发现人的价值,发挥人的潜能,发展人的个性。燕国材教授所要强调的是要将学生的主体作用充分发挥出来,大力挖掘学生的各种潜力,加强学生的智力教育和品德教育,发展学生的个性,培养学生正确的世界观、人生观和价值观,最终使学生成为一个“和谐的人”“完整的人”和“全面发展的人”。

除此之外,还有一些学者提出了这样的观点,“以人为本”的教学思想是一种以维护和保障教师、学生教育中的主体地位为前提,以尊重和关怀他人为核心的教学思想。其内在的逻辑内涵是在遵循基本的教学思想基础上,倡导坚持以人为主体,以教育为主体,倡导在体育教育过程中要保障学生和教师的主体地位,促进教师和学生的全方面发展。这种观点从立体的全方位的角度阐述了“以人为本”教学思想的内涵。

从上述内容中可以得知,众多的学者和专家都阐述了自身对“以人为本”的教学思想的理解,其中,大都集中在“人”与“本”这两个方面,在“以人为本”教学思想中,“人”从广义上是指学生、教师和教育管理者,这三者之间紧密联系在一起,不可分割,对体育教育的发展起到积极的推进作用。从狭义上讲“人”是指学生。因为教育是培养人的一种活动,是教育区别于其他一切活动的本质区别。学校教育是以培养学生为终极目标,那么学生就是学校教育活动的中心,没有了学生,学校体育教育活动就无从谈起,因此“以

人为本”中的“人”归根结底是指学生,“以人为本”中的“人”的最大内涵是“学生”。而“以人为本”中“本”从广义的“人”的角度上理解就是以维护人的根本利益为本;从狭义的“人”,即学生的角度上理解就是以学生的身心健康发展为本。总之,以学生为本,就是要对学生健康、全面发展起到积极的促进作用。

2.“以人为本”教学思想的内涵与理论基础

当前,我国的“以人为本”的教学思想是建立在马克思主义以及关于人的全面发展的理论基础上,结合中国的具体实际,形成的完整而科学的教育价值取向。“以人为本”的教学思想在教育教学中的贯彻与落实对新时期我国实施科教兴国战略以及实现民族复兴具有重要的意义。

现代人本主义教育思想的基本观点是“以人为本”的重要思想理论基础,它的提出在很大程度上决定着“以人为本”的体育教育思想的形成。

(二)“以人为本”教学思想在体育教学中的应用

在当前这一时期内,在体育教学中贯彻和实施“以人为本”思想,可以从以下两个方面着手。

1.以学生为本

作为体育教学的主体,学生是作为一个独立的生命个体而存在的,应该得到应有的认可和尊重。因此,这就要求体育教育牢牢树立“以人为本”的观念。在此过程中,要充实办学资源,尽可能为学生创造良好的学习条件,为提高教育质量创造环境,发展教师队伍;本着对学生高度负责的原则,提供充足的教育教学资源,并保证向他们提供其发展所需的知识、技能等教学内容;尊重学生的个体差异,促进学生个性发展;完善培养方案,建构科学的课程体系;重视改变教学方式,增强教学的感染力、吸引力,激发学生的学习动机,调动其学习积极性。体育教学中贯彻实施“以人为本”的教学思想,首先要做的就是对学生的利益加以关注,将为学生服务的观念树立起来,使学生获得全面而又不失个性的发展。

21 世纪以来,我国学校教育发展速度惊人,体育教育与新时代的发展潮流相适应,不断革新观念,以科学的、合理的、人性化的教学思想来对学校体

育的发展起到积极的促进作用，让学生在健康第一思想的指导下，获得身心的全面健康发展。简言之，就是当前的体育教育要以保证学生的身心健康发展为基本原则，并将其作为其他体育活动的根本出发点。在进行体育教育的过程中，要努力提高学生的主体地位，培养学生主动参加体育锻炼的意识。在培养学生主体意识的过程中，要求教育工作者要遵循尊重学生、信任学生的重要原则，对学生身心的健康发展起到积极的促进作用。

2.以教师为本

由于学校对学生的教育培养和促进学生的发展是通过教师的教来实现的，因此在体育教学中也要以教师为本。对此，学校应做好几个方面的要求。

首先，要为体育教师营造宽松的工作环境和良好的工作氛围，合理规定教师的工作量，并对其进行教学评估，对表现优秀者予以奖励。

其次，要对教师的发展引发关注，教师也应随着时代的变化而不断发展。对体育教师的管理不应该过分强调防范性、强制性，而应该具有人性化，使他们自觉履行义务，承担责任。

最后，要对体育教师有充分的尊重和信任，不要制定过多的规则、制度来限制他们的自由，约束他们的行为。

二、“健康第一”教学思想及其应用

（一）“健康第一”教学思想概述

1.“健康第一”教学思想的提出

1950年，毛泽东首次提出“健康第一”的思想，旨在改变当时学生负担太重、健康水平日益下降的现状，他指出各校要注意“健康第一、学习第二”。新中国成立初期，党和国家对青少年学生的身体健康是非常重视的。从当时的情况来看，体育发展的首要问题就在于国民素质教育、国民体质教育、青少年儿童健康教育。

20世纪90年代的“健康第一”指导思想与20世纪50年代的“健康第一”教育思想本质不同，这一时期的“健康第一”主要是对“素质教育”的诉求，是一种多样化和复合型的新型的体育思想，强调体育教学“以学生为本”的理念。

进入 21 世纪以后，我国对学生在体育教学中的健康全面发展的重视程度越来越高，2006 年，教育部与体育总局共同发表《关于进一步加强学校体育工作，切实提高学生健康素质的意见》，中央颁布《关于开展全国亿万学生阳光体育运动的决定》。目前我国学校体育的指导思想应该是“健身育人”。只有将“健身”与“育人”有机结合起来，才能将学校体育的教育本质凸现出来，才能使学校体育与学校其他课程一同系统地、全面地实现学校教育“健康第一”的目标。

“健康第一”教学思想被提出，是具有一定的依据的，具体来说，主要表现在：第一，健康教学思想与世界发展潮流是相符的；第二，健康教学思想与社会发展的需求是相适应的，社会对人才的发展，以及社会对人们的生活影响促进了人们对健康教育的思考，使得“健康第一”受到关注和重视。

基于以上两点，为了实现学生的健康以及日后的健康发展，就要求学校教育中进一步对学生的身心健康发展状况提高重视程度，树立起适应新世纪要求的健康第一思想。

2.“健康第一”教育思想的特点

“健康第一”的教育思想内涵丰富，其在体育教学实践中也具有较为显著的特点，具体来说，主要表现在以下几个方面。

第一，学校教育对青少年来说最重要，学校教育将促进学生的健康成长作为首要目标，“健康第一”思想的主要观点是，学生的身心健康比考试升学更为重要。

第二，真正意义上的健康，不只是身体的健康，心理健康也是非常重要的，“健康第一”是学生身心健康和谐发展的统一。

第三，所有教育的开始都是在健康的身体的基础上进行的。学校应该从德育、智育、体育等各方面对学生负责。

（二）“健康第一”与体育健康教育

当前，对“健康第一”教育思想在体育教学中的教学内容安排、教学方法

选择、教学评价标准确定等方面得到了进一步贯彻落实。新时期，“健康第一”在体育健康教育中的贯彻落实应注意以下几个目标的实现。

1.将体育健康教育标准落实好

在体育教学实践中，应把健康标准的实施落到实处，调整体育教学内容，普及科学的锻炼知识，真正达到增强学生健康的目的，使学生终身健康的意识和行为得到升华。同时，体育教学也应该依据新的学生体质健康测试标准，根据本地区气候、资源以及学校自身教学特点来进行较大程度的调整。允许学生根据自己的爱好和特点自由选择体育项目，使他们参与到自己真正感兴趣的活动中，从而熟练掌握适合自己的健身方法。不应再强调各项目的达标与否，而旨在培养学生的终身锻炼意识。

2.使体育与健康教育体系得到进一步的完善

体育具有多元教育价值，其本身自有相当广泛的知识面和文化底蕴。在体育教学中应该渗透体育人文学、运动人体学、健康教育学等内容，使体育锻炼富有科学性和人文性，加强体育课对学生的教育意义和提高学生对体育课的兴趣，并增加保障学生身心健康发展的常识性内容，如预防艾滋病、远离毒品等。使学生养成科学合理的作息习惯，具备健康向上的心理状态。

3.使体育教学工作重心得以转变

新时期，体育教学的教育育人作用，应做好以下两个方面的要求。

一方面，要做到体育教育为学生体质健康服务。三维的健康观中体质健康是长期以来最受关注的健康内容，贯彻“健康第一”指导思想要求，学校体育与健康教育的目的是增进学生的身心健康、增强体质、培养全面发展的合格人才。运动技术是学生锻炼身体的重要手段，学生同时还要掌握体育与保健方面的知识，养成良好的锻炼习惯。

另一方面，对学生体质发展加以重视，并且在此基础上，对学生的全面健康发展也加以重视。当前，必须贯彻国务院明确阐述的“学校教育要树立健康第一的指导思想”。当前知识的更新和边缘学科的发展状况是史无前例的，社会上各种竞争也日趋激烈，仅仅依靠强壮的身体、优良的体质、丰富的知识是不能适应这种变化的。在这样的时代背景下，国务院适时提出了

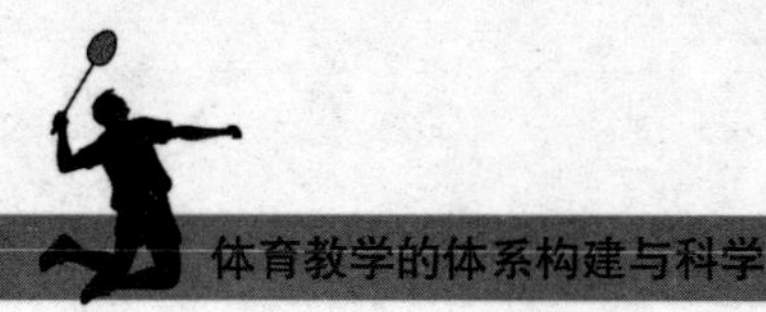

“健康第一”的指导思想,对学校体育教育提出了更高的要求,即培养身体健康、心理稳定、拼搏竞争、团结协作的新型高素质人才。一方面,关注学生心理健康;另一方面,重视学生社会适应能力的提高。

(三)“健康第一”教学思想在体育教学中的应用

新时期,体育教育工作者应完成的重要任务,就是在现代体育教学中严格贯彻“健康第一”的指导思想,将它贯穿于体育教学工作的始终,让学生拥有健康的体魄,为终身教育打下基础。同时,这也是新世纪学校体育工作者应努力探索的新课题。具体来说,在体育教学中贯彻“健康第一”教学思想需要注意以下几点要求。

1.要通过各种途径来使体育教师的综合素质得到进一步的提升

随着体育教育的不断发展,现代体育教育要求体育教师不能只满足于以前知识培养的单一教学模式,而要求体育教师必须具有一定的科研探索能力。这就要求体育教师掌握科学和人文两方面的基本知识,以及扎实的体育基本功。

第一,体育教师要对信息科学、生命科学、环境科学等基础知识熟练掌握,对体育教育的人文价值有深入的分析和了解,对学生素质发展的规律性有所认识,努力提高自身的综合素养。

第二,体育教师要将终身学习的思想树立下来,与不断发展与变化着的社会相适应。体育教育也需要与任课教师、学生、家长等有关人员合作,以产生协调效应。

第三,体育教师应积累实际的教学经验,积极参与体育科研,善于在工作中发现问题、探索问题、解决问题,成为一个具有探索和创造能力的新型科研型教师。

此外,21 世纪的体育教学对教师对教学的监控能力的重视程度要越来越高,这也是体育教育教学活动的核心要素。它包含教师按教学目的对教学活动的决策与设计能力,课堂组织能力和管理能力,评估学生知识、技能的能力等。

2.在体育教育中要使体育、卫生、美育的结合进一步加强

学生参与体育活动，从事体育锻炼，必须注重营养，养成讲卫生的好习惯，因此需将身体锻炼与卫生保健结合起来。在体育教学中，学校应加强对学生的营养指导，让学生了解有关营养、卫生保健的知识。

从实践中可以得知，广泛开展群众性的体育活动，使校园文化建设丰富多彩，使学生的体育生活充满生机。通过美育，能够使学生的修养得到陶冶和提升，同时，对于他们的智力的开发也是有所助益的。体育是健与美的有机结合，寓美育于体育之中，可使体育内容与形式充满美的感受，提高学生对体育的兴趣，提高其运动质量，丰富学生的审美体验和提高学生创造美的能力。

目前，学校体育与卫生保健相结合已有良好的开端，并取得了一定的成效，但是其所形成的体系还不够完善。这就要求将学生的生长发育与生活实际有机结合起来开展健康教育，使学生会自我保护，预防疾病发生。把学生青春期教育和心理健康教育作为健康教育的重要内容来抓。加强学生的多元体育教育，应引起体育教学工作者的高度重视。

3.对学生的健康意识和行为进行培养

在体育教学过程中，应尽量与学生的生活实践有机结合起来，努力培养学生自觉的健康意识和健康行为，将所学知识尽可能转化为学生自觉的行动。具体来说在体育教学中，学校和体育教师应做好以下几方面的工作。

第一，要与学生的具体实际结合起来，有针对性地制定适合学生发展的体育教材，组织好学生参加体育运动锻炼。

第二，在上体育课时应注意适量，不应矫枉过正。

第三，在体育课外活动中应加强体育教师的指导力度。

第四，开展多种形式的体育比赛。

第五，有针对性地加强营养学、心理学、保健学、环保学、身心健康等方面的知识教育。

4.要使学生参与体育的能力得到进一步提高

在体育教学中，要有效传递健康知识和锻炼方法，体育运动项目的开展要和社会体育资源相结合，从而使学生参与体育运动的能力不断得到提升。

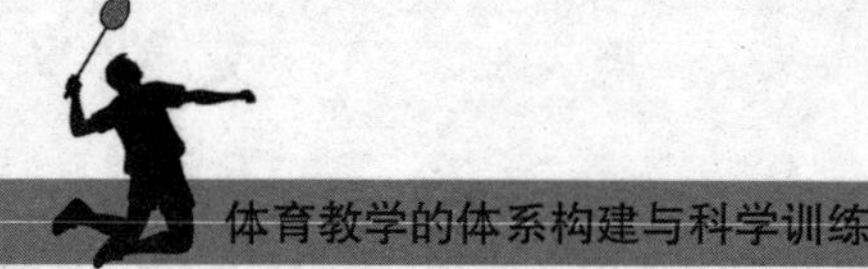

对每一个参与体育锻炼的人来说,健康的知识和方法都是非常重要的,在传统的体育教学中,往往对运动技术的传授非常重视,而将健康知识的传授忽略掉了。然而学生只有在对健康知识和锻炼方法有了一定的掌握的基础上,进行体育锻炼才会具有一定的科学性和合理性,才可以对自身情况和锻炼的效果进行评价。

传统体育教学中,学校开展运动项目一般主要考虑场地器材、教师、学生等自身情况,而对所学习运动项目进入社会后是否能有条件继续坚持的考虑则相对较少。

新时期学校体育教学各项工作的开展,应充分立足学校,放眼社会,多开设社会体育设施,建设较好的项目,为终身体育的开展创造条件。体育运动项目是参与体育运动的媒介,好的运动技术会增加学生参与运动的兴趣,有助于形成好的运动习惯。所以,在体育教学中坚持以运动技术为主,注重培养学生广泛的体育兴趣,使学生一专多能,同时重视健康知识和健身方法的传授,使学生在学校之外也能科学参与体育锻炼。

三、"终身体育"教学思想及其应用

终身体育和健康体育两者是相互影响的密切关系,两方面必须协调发展,在现代体育教学中要对终身教育的实施加以重视。

(一)"终身体育"教学思想概述

1."终身体育"教学思想的概念

终身体育是指在人的一生中都要进行身体锻炼和接受体育教育与指导,它是终身教育的重要组成部分。具体来说,就是一个人从生命的开始,到生命结束,都要适应环境与个人的需要,进行身体锻炼,以取得生存、生活、学习与工作的物质基础或条件。"终身体育"思想的形成是人类自身和社会发展的必然要求。

为了能够对终身体育有更加深入的了解和认识,可以从以下几个方面入手来对其加以分析。

第一,从时间上来说,终身体育贯穿于人的一生。

第二,从活动内容上来说,终身体育运动项目丰富多样,具体可根据个人爱好选择。

第三,从人员上来说,终身体育面向社会全体公民,尤其是面向青少年学生。

第四,从教育方面说,终身体育是促进公民整体素质提升,促进国家繁荣富强的有效手段。

“终身体育”将思想意识和行为倾向有机结合起来,体育意识是终身体育的思想基础。体育意识的强烈程度,对人们终身体育思想的形成产生直接的影响。终身体育,对个体生命整个过程中不同时期的体育,即体育锻炼贯穿于生命的全过程非常重视。终身体育贯穿于人的一生,对社会而言是全体国民的体育,两者的统一是终身体育追求的最高目标。

经过一段时间的发展,“终身体育”思想在体育教育中逐渐具有了一定的地位,成为现代先进的体育教学思想。现代“终身体育”思想由相互联系和相互影响的学校体育、社区体育、家庭体育构成,共同作用于个人,并要求学校、家庭、社区均应开展体育活动,为人们提供参加体育活动的机会。

2.“终身体育”教学思想的特征

“终身体育”教学思想,具有非常显著的特征。具体来说,主要表现在以下几个方面。

一是终身性特征。由于终身体育突破了传统的学校体育目标,过分强调学习和掌握运动技能的观念,使学校体育教育获得了进一步发展和延续,因此可以说,终身体育是一种先进的教育思想。传统的体育教学观念把人接受体育教育的时间仅仅局限在在校学习期间,体育锻炼的内容也局限于体育知识、运动技能的学习和掌握。而终身体育则要求根据个体生长发育、发展和衰退的规律和阶段性特征进行科学的身体锻炼,体育锻炼可使人受益终身,因此要终身参与。

二是全民性特征。全民性是终身体育的一个主要特征,具体来说,主要是指接受终身体育的所有人,在对象上有儿童、青少年、成人和老年人等;在范围上有学校体育、家庭体育、社会体育等。以终身体育为指导开展全民健身运动,具体来说,主要表现为群众体育的进一步普及与发展,从而使广泛

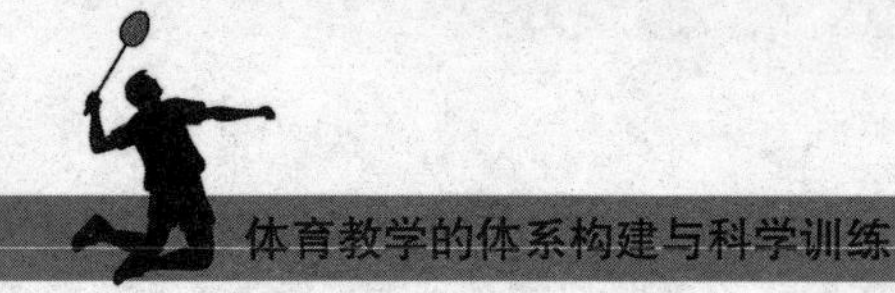

普及化得以顺利实现。在现代社会，每一个人都要学会生存，而要学会生存则离不开体育。因为生存发展是时代的主流，要生存就必须会学习、运动锻炼和保健，人们要想更好地生活，就要把体育与生活紧密联系在一起，在参与体育活动中终身受益。

三是实效性特征。终身体育锻炼要有明确的目的，即体育必须促进运动者自身的全面发展和终身发展。终身体育的最终目的是维护和改善人的生活质量，增进健康，延年益寿。

终身体育的着眼点在于适应个人发展和社会发展。人们为了改善自己的生活质量，以自身条件为依据来合理选择适合自己的体育方式，做到有的放矢，具有较强的针对性和实效性。总之，终身体育锻炼要有明确的目的，要能对自身的全面发展和终身发展起到积极的促进作用。

3.“终身体育”教学思想的意义

实践证明，“终身体育”思想能够对我国体育教学的发展起到积极的促进作用。从某种意义上来说，树立终身体育观念是高校体育教学目标改革的指导思想，也是高校体育教学发展的落脚点。终身体育能否实现，在很大程度上取决于这种观念是否树立和能力是否形成。当下，树立终身体育的观念要求教师正确引导学生科学认识和理解体育的价值，端正学习体育的态度，积极学会体育锻炼的技能，掌握体育锻炼效果评价的方法，形成终身体育能力，为终身体育锻炼奠定基础。

具体来说，“终身体育”教学思想对当前的体育教学改革、发展与完善，对我国社会的全面健康发展具有以下几个方面的重要意义。

一是对体育教学的改革与发展起到积极的促进作用。终身体育思想的提出，对体育教学改革的进程起到积极的促进作用，成为现代体育教学中的重要指导思想。长期以来，受传统教学思想的影响，我国体育教学对技术、技能的教学的重视程度过高，而将其他方面的教学内容忽略掉了，这就使得体育教学中出现了一系列问题。学生走上社会后必须掌握的东西，教师不一定教；而教师教的内容，学生走向社会后不一定能够用得上。通常情况下，学生在走向社会后，几乎就不参加体育锻炼了，因而导致身体状况每况愈下，不能适应不断变化的社会环境。终身体育不是只追求某一特定的运

动技能和运动的熟练程度，而是让学生学会自我分析自身的身体锻炼和运动实践的综合能力，注重培养学生对体育的爱好、兴趣，养成锻炼的习惯和能力，可以使学生终身受益，有利于学生的终身发展。

二是使体育生活化的要求得到满足。体育生活化是大众体育发展的动力，生活化的体育是社会进入小康社会的必然产物。大力倡导终身体育的观念，增强体质水平是实现体育生活化的社会发展的要求。现代社会，人们生活的价值容量在不断扩大，生活与体育之间的联系越来越密切，人们在每个阶段参与体育锻炼，能增强自己的体育意识，提高对体育锻炼的认识并形成自觉自愿的锻炼风气，这已经成为社会发展的必然。现阶段，社会成员终身体育意识的形成，对推动群众体育的开展，促进文化交流都具有重要的意义和作用。终身体育注重人的个体性，并且着眼于人的一生中的不同年龄阶段、不同的生活环境、不同的职业特点来选择不同的内容和方法，采用不同的形式进行身体锻炼，以终身受益。

三是与现代化社会发展的需要相适应。增强体质是终身体育的重要内容，同时，也是我国社会主义体育事业最本质的特点。社会劳动力是由不同年龄段的人组成的，这些成员都面临着如何保持身体健康和适应社会发展的能力，从而获得一份工作。提高劳动生产率，除了靠科学技术水平的提高外，关键还是需要掌握科学技术的人创造物质产品，以此来满足人类生存发展的需要。要适应现代社会发展的需要，使身体经常处于最佳状态，就须在人生的不同阶段选择不同的身体锻炼形式与内容，而这种伴随人生一起发展的体育，就是终身体育。

随着社会现代化程度的不断提高，现代人把身体锻炼作为生活方式的一个重要内容与标志，同时，这也是人类文明发展的必然。全民健身习惯的养成能够将一个国家的文明程度反映出来，对社会的发展和进步起到积极的促进作用。

（二）"终身体育"教学思想在体育教学中的应用

在体育教学中运用"终身体育"教学思想，具体来说，主要表现在以下几个方面。

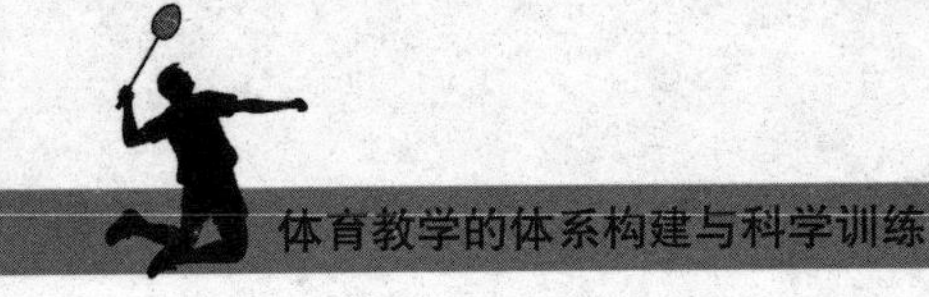

1.对学生的终身体育意识进行培养

“终身体育”教育思想指导下的体育教学,将学生某一特定的运动技能和运动的熟练程度作为追求的一个重要目标。除此之外,其对学生学会能自我分析自身的身体锻炼与综合的运动实践能力,对学生的体育爱好和兴趣的重点培养,使学生养成良好的身体锻炼习惯的重视程度要更高一些。

对学生进行终身体育教育,就要使学生的体育意识得到有效的提高。具体来说,应该做到以下几个方面的要求。

要对学生体育兴趣的引导加以重视。从心理学的有关理论中可以得知,行为是在认识事物的前提下,在引发动机和兴趣的基础上产生的。因此在体育教学中要端正学生的体育学习态度,使他们建立正确的体育目标,拥有长远的、持久的学习动机,激发他们学习体育锻炼和卫生保健的相关知识和技能的兴趣。与此同时,也要注重理论教学的实施,强化学生的终身体育意识,以实现体育价值。

要对学生的体育习惯进行重点培养。教师应引导学生将体育锻炼的习惯延续到校园生活以外,这对于全民健身的发展和终身体育社会价值的实现都有重要的意义。

要对学生体育素质的培养加以重视。在具体的体育教学中,体育教师应树立使学生终身受益的目标,对每次课和课外活动提出相应的要求,以健身为目标,将素质、技能、知识、能力等教育内容渗透到终身体育意识的培养中。

2.对学生自我发展与社会需要的有机结合加以重视

终身体育着眼于人一生中各个不同的年龄阶段、不同的生活环境、不同的职业特点来选择相应的锻炼方法和内容,进行不同形式的身体锻炼,以保证终身受益。而学校体育教学正是为未来扮演不同社会角色的学生提供了一个良好的参与体育的契机,指导其参与体育锻炼,以便进入社会后更好地适应社会。因此,终身体育不仅要促进学生在学校的发展,还应充分满足社会发展对学生未来的发展需求,这就要求体育教育应重视学生的当前和长远发展。

具体来说,在体育教学过程中,要实现学生终身体育发展与社会需求二

者的结合，需要将以下几个方面的工作做好。

要将学生需要与社会需要的彼此地位明确下来。这是正确处理学校体育发展与社会需要适配性的关键问题。

要将学生需要与社会需要之间的关系明确下来。主体需要是推进学校体育文化发展的内在动力，社会需要是该项发展的外在要求。

体育教学开展应该将学生作为重要的中心而进行，从而使学生的学习和发展需求得到较好的满足。

对学生发展与社会需要之间的不同发展阶段的矛盾进行灵活处理。虽然社会需要与主体需要在最终的目标上保持一致，但这并不代表之前的其他过程就是相同的。学生的终身体育发展为社会对人才的需求奠定了基本人才素质基础，但学校体育教育是多方面的，不能单纯为社会需求发展服务，还应充分考虑“以人为本”“健康第一”。

对学生掌握系统的体育基础理论知识、科学的身体锻炼方法，以及检查评定的方法进行积极培养，并加以重视，从而对学生从事终身体育的能力的形成起到积极的促进作用。

校园体育教学要对学生的生理、心理、行为模式、思想意识等方面的调查与研究引起重视，同时以社会需要为基础，以“是否符合社会发展需要”作为衡量学校体育教学合理与成功的重要评价标准。

3.使体育教学内容得到进一步的拓展和丰富

新时期，我国学校体育改革将使个体在有限的学生时期学习体育基础理论和基本技能，在以后的社会生活中，能够独立自觉地继续进行身体锻炼和接受体育教育，与终身体育衔接起来作为主要目的。

当前，培养和强化学生的终身体育观念，在体育课程内容设置方面多选择一些能够提高学生体育兴趣、展现学生体育个性的内容，是学校体育的主要任务所在。具体来说，进一步丰富体育教学的内容，应该做到以下几个方面的要求。

第一，在体育教学中可开展一些桥牌、溜冰等学生乐于接受的体育项目。

第二，适当开展篮球、排球、乒乓球、足球、健美操等赛事。

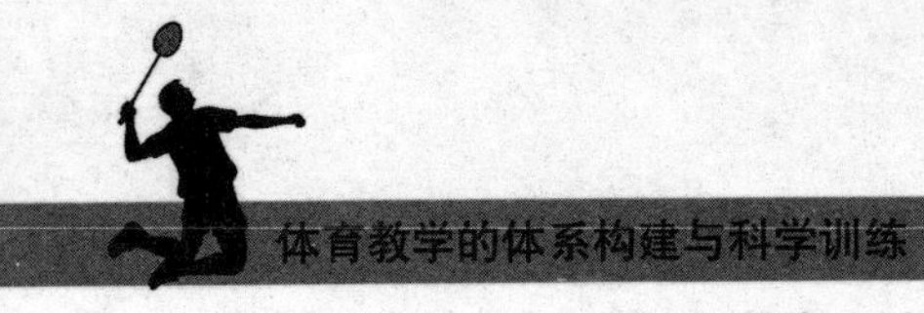

第三,尽可能在课堂上安排耐久跑等锻炼内容,并视季节特点做出不同安排。

第四,对学生关注的体育热点进行积极的引导,将体育竞技规则和裁判基本知识传授给学生,同时,还可以对大型体育比赛的技巧等进行适时解说。

第五,对学生自行组织比赛大力支持,全面培养学生的自我组织能力和参与意识。

第六,体育课内外教学相结合对于终身体育思想的发展也是有积极意义的,高校开设体育选修课可以让学生选择自己感兴趣的体育项目来学习,从而发挥自己的体育特长,养成良好的体育习惯,为终身体育锻炼习惯的形成打下坚实的基础。

4.使教师的综合素质水平不断得到有效的提升

教师最基本和核心的工作就是教学,教学质量的高低受教师教学能力高低的影响,因此教师须自觉通过提高自身的教学能力来提高教学质量。具体来说,应该从以下几个方面着手。

第一,要求教师应将对体育教学思想和意识非常重视的观念树立起来,并在教学过程中积极贯彻。教育会对民族兴亡产生直接的影响,健康、健美的人才才是祖国需要的人才。所以体育教师需要时刻考虑,如何将祖国未来的希望——学生培养成全面发展的新型人才。

第二,教师在体育课程教学过程中,如果遇到一些特殊的或事先没有考虑到的情况,就要稍微调整或调节课程,这在体育课中是常见的。教师不能将提前设计好的教学方案定格,将它视为一成不变的模式,而应用动态的、变化的眼光来实施课程方案。所以,这就要求教师须注意以具体的教育情况为依据来对原有的课程设计进行适当的调整,以便更好地为学生的体育学习和锻炼服务。

第三,体育教师需要与时代发展的需求逐渐相适应,不断进行自我更新和完善,树立新的教育观念,采取科学有效的、富有创新的教学方法来展开教学工作,从而将学生的参与体育积极性和主动性充分调动起来,使学生乐

于主动参与体育运动锻炼,同时,还要逐渐养成良好的体育锻炼习惯。①

第二节　教学体系的完善与发展

一、丰富体育教学内容

(一)注重终身体育意识的培养

学生对于终身体育观念的形成与培养,对于其未来发展有着重要作用。终身体育目标的形成取决于学生参加体育所需的技能、知识和态度,所以教学内容的实施应当更加注重健身性、文化传承性与娱乐性,在健身价值和终身运动性强的运动项目中间做出选择。

(二)注重体育运动的规律性

值得注意的是,因为体育教学内容具有非逻辑性的特点,所以探寻体育教学内容的逻辑性是不科学、不合理的。在选择体育教学内容时,充分考虑体育项目的规律性,首先要是学生喜欢的运动项目;其次内容要流行,富有时代特征;再次还要做到根据学生年龄和学段的不同,在内容上进行区别对待。

(三)注重教学主体发展的全面性

在过去的传统教学理念和模式下,体育课的内容最初十分单调,基本是以跑、跳、投等身体素质锻炼为目的,根据学生表现出的运动水平给出评价。体育课程改革后,相关的体育教学大纲进行重新修订,更加强调了学生的均衡发展,推出了"素质教育"的概念。而学校就要承担更大的责任,在选择与确定体育教学内容时,符合素质教育的要求,使学生在运动水平、身体健康、心理健康上都能获得发展。

---

① 张伟等:《体育教学功能解析与实现途径研究》,中国商业出版社 2018 年版。

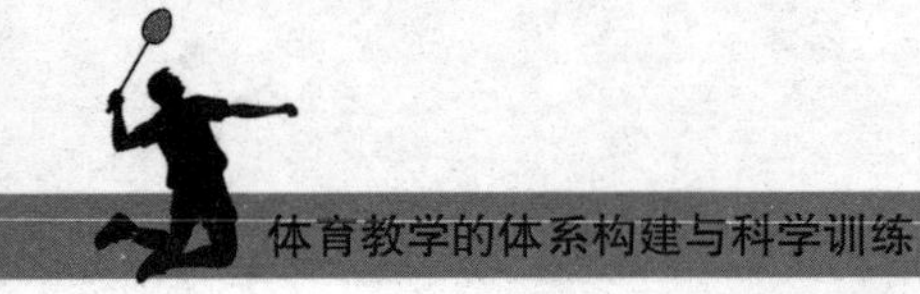

(四)不断引进民族特色项目

对于青少年来说,趣味性强、具有新鲜感的运动项目往往会受到大家的欢迎,因此在选择与确定体育教学内容时要与时俱进、敢于创新,大胆尝试引入一些之前没有在校园开展过的运动项目。

目前,我国民族传统体育项目在校园的发展依旧处于方兴未艾的局面,不如那些有着巨大影响的球类运动和田径项目有影响力。在我国的校园中,大部分学生都没有接触过这些古老而传统的民族体育运动,对他们来说,民族体育运动恰恰拥有新鲜感和娱乐性,所以在体育教学内容的选择中根据具体情况,适当安排民族传统体育项目作为教学内容。

二、改革体育教学方法

(一)避免教学方法一成不变

在教学方法的改革上,首先要做到避免一成不变。教师要有效防止体育教学方法单一化,追求方法的新颖性、实用性以及可操作性,有效鼓励和促进学生对学习的积极性和获取新知识的求知欲,从而最大限度地吸引学生的注意力。

现阶段,体育教师要主动摒弃有碍学生发展的落后教学方法,从根本上改变传统体育教学传授动作、技能的灌输式教学方法。体育教师要从实际出发,在方法选择上将学生的兴趣爱好与其密切结合,主动创新并选择出能够对学生发展产生积极影响的体育教学方法,尽可能向学生提供一个良好的学习环境和学习氛围,持续不断地激发学生的学习兴趣,使得体育教学活动的整体质量和效果得到质的提高,推动学生养成独立思考、独立分析、积极实践的良好习惯,从根本上使得学生实现全面健康发展。

(二)积极培养学生的创新意识

推动体育教学方法进一步发展的主要策略是培养学生的创新性意识,具体有以下几个方面的内容。

1.要不断创新思想认识。密切结合娱乐体育与健身体育,这不仅是推动体育教育思想观念得以转变的重要体现,同时也是现阶段体育教学的根本

任务。

2.要不断创新体育教学内容。教师在选择体育教学内容时要选择有利于学生实现全面健康发展和激发学生学习兴趣的内容，只有这样才能使得教学内容枯燥乏味的问题得到根本性解决。

3.要不断创新教学方法。教师要与学生的实际需求有机结合，用抛砖引玉的方法来引导学生积极思考、独立解决问题，从而充分调动学生的学习主动性。

（三）促使学生实现全面健康发展

进入21世纪以来，促使学生得以全面健康发展已经成为创新体育教学方法的客观要求，所以体育教师要尽全力推动学生全面健康发展，保障学生在体育教学活动中能够受到启发和鼓舞。体育教师在开展体育教学活动的过程中，要以不同学生的实际情况为依据，努力寻找与学生发展特征最为符合的发展方向，让体育教学活动真正使得每位学生都能够有收获和成长。

针对以上要求，体育教师要充分考虑学生的个人情况，着眼于学生今后的发展，为学生的全面健康发展打好基础。在对体育教学方法选择时，体育教师首先要教会学生如何做人，把求知、审美、健体、健心以及娱乐等方面密切结合，把教材上的理论知识和个人生活实践密切结合，还要联系到课外，让学生在课下也进行体育活动，这样才能推动学生实现多个方面的和谐统一，实现使学生全面健康发展的最终目标。

（四）重点强调教学活动的有机统一

体育教学方法的改革与创新是体育教学发展的必然要求，要做到各项教学活动有机统一。从本质来说，体育教学活动是一项教学互动的活动，如果只有教师进行“对牛弹琴”，而没有学生的积极参与，体育教学活动就十分失败。反过来说，只有学生自己练习，却没有教师进行指导的体育活动，则根本称不上是体育教学。

体育教学活动要想达到好的效果，需要教师能够很好地处理教材、内容、手段和方式方法的关系，特别是在创新教学方法的同时，充分考虑学生的实际需求。因此，师生之间步伐要一致，大家群策群力，共同参与到体育

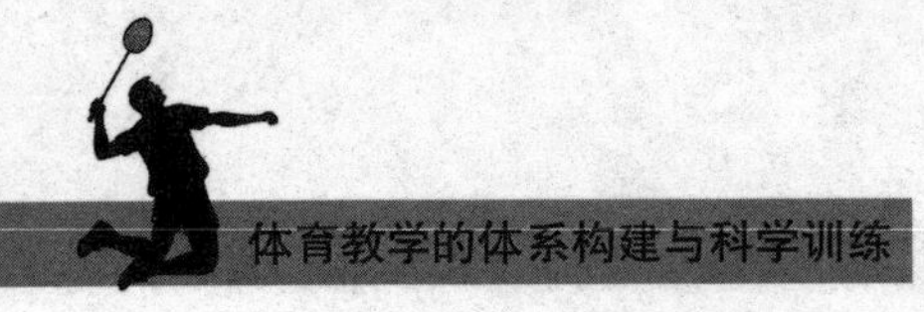

教学活动中来,达到教与学的统一,形成完美而和谐的体育氛围。

三、创新体育教学模式

(一)突出学生主体性

国家在《关于深化教育改革,全面推进素质教育的决定》中明确指出:“健康体魄是青少年为祖国和人民服务的前提,是中华民族旺盛生命力的体现,学校教育要树立健康第一的指导思想。”各类学校在体育教学中采取的发展模式要重点关注学生对教学的参与性,即如何发挥学生的主体性,培养学生参与体育的兴趣,让学生明白体育运动的内涵,培养终身体育的意识,使体育朝“快乐化、生活化、终身化”的方向发展,这就是体育教学模式的当代发展特点。

(二)整体教学模式群是发展最佳方向

体育教学发展过程中会不断涌现出新的思想,引导学校体育课程的发展目标呈现出多样化的特点,具体目标有运动参与、运动技能、身体健康、心理健康、社会适应,这势必将会出现多种体育教学模式的发展。现在的高校中,诸如“三段”型体育教学模式、“俱乐部型”体育教学模式、“分层次型”体育教学模式以及“学分制”体育教学模式等如同雨后春笋般不断涌现,它们将是体育教学模式创新发展的主阵地和弄潮儿。

但要指出的是,每一种教学模式只能适合于特定的教学情境,且需要对现有的体育教学模式进行整合,将各种教学方法和手段按照教学目标要求进行优化组合、综合运用。对于多种教学模式整合而出的教学模式,提倡以科学理论和教学规律为创新基础,并通过实践对比来证明其合理性、创新性和可操作性,这样才会形成稳定的教学模式。

(三)俱乐部型教学模式将成为未来的主旋律

现阶段,我国高校体育教学存在着多种体育教学模式并存的特性。其中不同的教学方式交相辉映,各显其能,俱乐部型体育课教学模式就是一种比较理想、适合于学生发展的体育教学模式。它最大的优点在于从学生的视角去看待体育教学,给予学生充分的自由度,让学生主动选择而不是被动

接受,使体育教学成为学生尽情发挥的舞台。

俱乐部型体育教学模式,可以增强学生的体育意识,培养锻炼身体的习惯,让体育教学具有延伸性,扩散到校外、社区和家庭,这有利于学生把体育贯穿于生活,有利于提高大学生的运动技术水平。从当下高校的发展模式来看,俱乐部型体育教学模式将是未来高校体育教学的主流。

四、完善体育教学设计

(一)以学生为出发点

体育教学所做的一切都是为了学生,因此在完善体育教学系统的工作中要做到以学生为出发点。设计体育教学的过程中,树立并坚持"一切都为了学生"的核心教学理念。体育教学设计应该把对学生个性特征的分析作为教学设计的基本依据,尽可能地挖掘每一名学生的潜能,有效调动其主动性和积极性,突出学生在学习过程中的主体地位,同时要区分每位学生的个体差异,全面考虑对于不同学生个体的有效指导与学习促进。体育教师设计全新的教学方案不能靠主观臆断,而应该是立足于教学实践对于体育教学方案的一种策划。

(二)突出整体发展

体育教学活动更加注重体育技能的培养,如果教学活动脱离了对运动技能的教授与掌握,那么体育教学活动看上去就没有任何价值。但是,现代体育教学理论认为,学生体育技能的学习和掌握并不是体育教学活动的最重要的目标。体育教学设计不仅是对学生怎样通过有效的学习活动掌握技能进行设计,而且还应该对师生之间、同学之间的交流进行设计,从而使学生在这种活动中对个人与群体的互动关系进行更好的体验,学会处理人际关系,对于个人价值有更加全面深入的理解,懂得包容、理解与尊重。掌握安全的知识与技能,感受关爱与被关爱的生活体验,养成良好的生活习惯与乐观的生活态度。这对他们未来走向社会都是很好的积累。

(三)确定性与不确定性的统一

学生身心发展、体育技能的掌握以及体育教学的开展都有其内在的规

律性,这就是教学的确定性。首先,体育教学设计应该从教学的客观规律出发,同时采取系统设计的方法,在客观地分析体育教学规律与特点的基础上对新的教学工作程序与环节进行相应的设计。建立在确定性基础上的体育教学设计能够有效发挥其在教学活动当中的计划功能,加强对教学内容的针对性,使得教学变得更有效率和层次,使体育教学活动变得优化和细化,形成一种高效的运行机制。

体育教学中学习的主体是个性鲜明的众多学生,他们对体育运动技能的认知和掌握显示出一定的差异性。此外,体育教学环境也存在很大的差异性,这些特性就决定了体育教学的活动过程具有很多不确定性。体育教学的这种不确定性决定了体育教学设计不可能做到面面俱到、完美无缺,这就要求师生尽量做到更好,不必追求最好。

(四)采用系统设计方法

体育教学设计是对整个教学体系的整体设计,并不是对某一特定的目标与学习领域或者是教学资源所进行的策划,它追求体育教学整体的优化,推动体育教学水平的全面提高。

在具体开展体育教学设计的过程中,从整体来布局,然后从整体与部分、整体与环境之间的相互联系、相互制约中选择解决问题的最佳方案。体育教学的系统设计要从教学资源入手,因为各种形式的体育教学资源都会对体育教学活动产生相应的影响,虽然处理好它们之间的相互关系并非易事,但是在教学设计中却是必不可少的。因此,体育教学设计本身就是教师教学素质与教学风格的一种综合体现。

五、优化体育教学评价

(一)优化评价机制,形成多种评价方式

对体育教学评价的优化,首先教学人员要针对体育教学目标,结合素质教育,在全面性、个体性以及主体性等要求的基础上,对体育教学评价机制、体育评价内容以及指标机制进行优化,从而提升体育教学评价机制的科学性与系统性。教师也要积极探索,改变传统的评价理念,在重视教学效果的

基础上还要对教学过程进行评价，将传统形式的单一评价发展为综合评价机制。

（二）发挥学生的主体作用，调动学生的积极性

学生是体育教学的主体，也作为教学评价的主体。教师对学生的主体作用进行重视，这也是提高体育教学质量、加强了解教师教学情况的重要手段，同时能发挥教学评价的正面意义。建立体育教学评价机制，将传统的被动式教学转变为以学生为主的教学模式，并实现教学评价主体的多样性，构建教师自评、学生评价以及同行互评的评价机制，通过这种多层次评价机制全面发挥教学评价的作用。

（三）激发学生的观念，培养学生的兴趣

体育教学活动的意义是帮助学生树立体育锻炼的观念，并提升自身的体育水平，学生参与的体育锻炼、体育运动及其欣赏水平与自身体能，会对今后的发展具有积极意义。所以，学校在开展体育教学的过程中，要联系课外，与学生日常生活相结合，从而加强学生对体育的重视程度，在评价上，对于积极在课外开展体育运动的学生要及时予以表扬。

（四）运用多样化的评价方式，提升教学质量

为了教学评价的高效性，教师需要将终结性评价与过程性评价充分融合，从而提升体育教学质量。其中，终结性评价主要运用于学生成绩的评定，教师运用终结性评价能够详细地了解学生学习的具体情况，并对其进行检查，让学生明白自己哪方面存在不足，及时改进。然而终结性评价在实际运用的过程中也存在一些问题，比如定义下得太过武断，损害学生自信心；让学生是为了通过考试而锻炼，不是为了自己而锻炼；等等。

参考文献

[1] 蔡宝来.现代教学论的发展反思与建构[M].兰州:甘肃人民出版社,2001.

[2] 车文博.心理咨询大百科全书[M].杭州:浙江科学技术出版社,2001.

[3] 陈炜,黄芸.体育教学与模式创新[M].北京:光明日报出版社,2016.

[4] 陈友松.当代西方教育哲学[M].北京:教育科学出版社,1982.

[5] 戴本博.外国教育史[M].北京:人民教育出版社,1990.

[6] 杜俊娟.体育教学设计[M].北京:北京体育大学出版社,2007.

[7] 方慧.体育教育的价值回归——促进大学生素质教育和终身体育培养的体育教学模式研究[M].北京:化学工业出版社,2015.

[8] 傅道春.教学行为的原理与技术[M].北京:教育科学出版社,2001.

[9] 龚正伟.体育教学新论[M].长沙:湖南师范大学出版社,2013.

[10] 顾明远.民族文化传统与教育现代化[M].北京:北京师范大学出版社,1998.

[11] 顾渊彦.大学体育课程改革[M],北京:人民体育出版社,2004.

[12] 关北光,毛加宁.体育教学设计[M].成都:西南交通大学出版社,2016.

[13] 何克杭,郑永柏,谢幼如.教学系统设计[M].北京:北京师范大学出版社,2006.

[14] 姜新生.个别化教学策略[M].北京:北京师范大学出版社,2010.

[15] 焦延歌,巫坤亚.体育教学理论与实践研究,中国言实出版社,2017.

[16] 靳玉乐,于泽元.后现代主义课程理论[M].北京:人民教育出版社,2005.

[17] 李定仁,徐继存.课程论研究二十年[M].北京:人民教育出版社,2004.

[18] 李启迪,邵伟德.体育教学基本理论研究[M].北京:北京师范大学出版社,2014.

[19] 李晓文,王莹.教学策略[M].北京:高等教育出版社,2006.

[20] 林崇德.学习与发展——中小学生心理能力发展与培养[M].北京:北京师范大学出版社,2003.

[21] 蔺新茂,毛振明.体育教学内容论[M].北京:北京体育大学出版社,2014.

[22] 刘大春.教师如何使用新教材[M].天津:天津教育出版社,2008.

[23] 刘锦.现代体育教学体系的建设与发展研究[M].北京:中国书籍出版社,2018.

[24] 刘清黎.学校体育学[M].北京:人民教育出版社,2007.

[25] 刘绍曾,周登嵩.新编体育教育学[M],北京:高等教育出版社,2004.

[26] 骆秉全.美与和谐的体育教学[M].北京:北京师范大学出版社,2007.

[27] 毛振明.体育教学论[M].北京:高等教育出版社,2005.

[28] 毛振明.体育教学评价技巧与案例[M].北京:北京师范大学出版社,2009.

[29] 潘绍伟.学校体育学[M].北京:高等教育出版社,2008.

[30] 皮连生.学与教的心理学[M].上海:华东师范大学出版社,2006.

[31] 钱建龙.体育运动与身心健康[M].武汉:武汉大学出版社,2006.

[32] 商继宗.教学方法现代化的研究[M].上海:华东师范大学出版社,2001.

[33] 邵伟德.体育教学模式论[M].北京:北京体育大学出版社,2005.

[34] 沈建敏.体育教学创新与运动训练研究[M].北京:新华出版社,2018.

[35] 宋海圣,赵庆彬,冯海涛.体育教学改革创新与发展研究[M].北京:中国水利水电出版社,2015.

[36] 王崇喜.体育课程与教学改革研究[M].开封:河南大学出版社,2014.

[37] 王丹.体育教学的理论与实践探索[M].北京:北京理工大学出版社,2019.

[38] 王华.体育教学与模式创新[M].北京:九州出版社,2014.

[39] 杨雪芹,刘定一.体育教学设计[M].桂林:广西师范大学出版社,2005.

[40] 张庆林.元认知的发展与主体教育[M].重庆:西南师范大学出版社,1997.

[41] 张双会,刘春魁,柳国强.大学生心理健康教育[M].北京:中国经济出版社,2005.

[42] 张伟,孙哲.体育教学功能解析与实现途径研究[M].北京:中国商业出版社,2018.

[43] 张亚平.学校体育教学与管理[M].北京:中国书籍出版社,2014.

[44] 赵翼虎.人文体育教学概论[M].北京:化学工业出版社,2014.